卡爾・波普 —— 著

廖中和 —— 譯

歷史主義之窮

目次

第一章　歷史主義的反自然主義學說

第二章　歷史主義的親自然主義學說

因緣誌

　　本書的基本論點——即歷史有它的命運這一信念，純粹是迷信，人類的歷史進程，不能藉科學的或任何其他理性的方法來預測——當回溯到一九一九／一九二〇年的冬天。本書的大綱完成於一九三五年；而於一九三六年一月或二月，以「濟歷史主義之窮」為題，在我布魯塞爾友人卜隆達兒（Albred Braunthal）家舉行的私人聚會中，首次予以宣讀。在這次聚會中，我從前的一位學生為討論做出了一些重大貢獻，他就是希爾佛定（Karl Hilferding）博士。不久之後他被蓋世太保逮捕，成為第三帝國歷史主義迷信下的犧牲者。當時與會的還有其他幾位哲學家。隨後我在倫敦經濟學院海耶克（F. A. von Hayek）教授主持的專題研究，宣讀了類似的一篇論文。我把初稿投給某一哲學期刊，因遭該刊退稿，致使本書的登載延遲了好幾年。本書的第一次刊出，是分為三部分，登在一九四四年《經濟學刊》（Economica）第十一卷第四十二和四十三號，及一九四五年第十二卷第四十六號。此後，義大利文翻譯本於一九五四年在米蘭出版，法文翻譯本於一九五六年在巴黎出版。現在這一版業已經過修正，並加上了一些補充說明。

自序

在《濟歷史主義之窮》一書內，我想說明：歷史主義是一個貧瘠的方法，一個不能開花結實的方法。但實際上我並沒有駁倒歷史主義。

寫完這本書後，我成功地駁倒了歷史主義：我已顯示出，由於嚴謹的邏輯上的理由，我們不可能預測未來的歷史進程。

反駁歷史主義的論證，包含在〈古典物理學與量子物理學中的不定論〉一文內，這篇論文於一九五〇年刊出。但現在我對這篇論文已不再感到滿意。在拙著《科學發現的邏輯》新版之〈附錄：廿年後〉內，討論不定論的那一章，對本題有比較令人滿意的處理。

我提議在此處，用簡單幾句話來說明我駁倒歷史主義的梗概，把我最近的心得告訴讀者。這項論證可歸結為下列五點陳述：

一、人類歷史的進程，強烈地受到人類知識的成長之影響。（有些人認為，我們的觀念；包括科學的觀念在內，僅只是某種或另一種物質發展的副產品，這些人對本前提之為真，也不得不承認。）

二、我們不能藉著理性的或科學的方法，來預測我們的科學知識在未來的成長。（從下面所略述的考量，可邏輯地證實這一說法。）

三、因之，我們不能預測人類歷史的未來進程。

四、這就是說，認為理論的歷史學——亦即相對當於理論的物理學之歷史的社會科學——有其可能性的說法，我們必須予以摒

棄。沒有任何有關歷史發展的科學理論，可作為歷史預測的基礎。

五、歷史主義的方法所懸之基本鵠的（見本書「十、本質論相埒於名目論」至「十六、歷史發展說」），是會錯了意的鵠的，歷史主義於焉崩潰。

　　當然，以上論證，並沒有將每一種社會預測之為可能，予以駁倒。相反的，在某些特定的條件下，將發生某些特定的發展，以這種方式的預測來驗證社會理論，例如經濟理論，其可能性是有的，上述論證與此完全相符。它所提出的反駁只是：歷史的發展如其受到我們知識的成長所影響，在這種情況下，預測歷史的發展是不可能的。

　　上面的論證中，具有決定性的是第二點。人類的知識不斷地成長，如果真有其事，那麼我們便不能在今天預期我們在明天會知道些什麼，我想這種說法本身是有說服力的，我想，這是正當的推理，但還不能算是邏輯上的證據。我在上面提到的拙著中，曾予以證實第二點，所用的證據很是複雜，如能找到更簡單的證據，我應該不會意外。我的證據是在於顯示：沒有任何科學的預測體，不管是一位科學家或一臺計算器，可以藉著科學的方法，預測它自身的未來結果。凡想這樣做的企圖，只有在事件過了以後，才會得到這些企圖的結果，而這時要談預測，已嫌太遲；只有當預測轉變成回溯時，他們才能得到他們的結果。

　　這項論證純粹是邏輯性的，因此不管是多麼繁複的科學預測器，包括彼此交互運作的預測器所組成的「會社」，皆可適用。但這是說，沒有任何社會能夠科學地預測它本身在未來的知識狀態。

　　我的論證多少是形式性的，也許有人會懷疑：即使它的邏輯效準性不容置疑，但它可能沒有任何實際意義。

　　然而，我曾經在兩部研究著作內，說明這個問題的意義。其中較晚的一部書是《開放社會及其敵人》，在這本書裡，為了說明它對人們的社會哲學與政治哲學所產生的持久而有害的影響，我從赫拉克利特（Heraclitus）和柏拉圖（Plato）到黑格爾（Hegel）與馬克思（Marx），這歷史主義思想的歷史當中，挑出了幾個事件來加以申述。較早問世的一本書，就是《濟歷史主義之窮》，現在首次以英文本的面目出版，在這本書裡，我試著說明，作為一個迷惑人心的知識建構，歷史主義所具有的重大意義。我試圖去分析它的邏輯，它的邏輯往往是如此巧妙、如此使人不得不跟它走而又如此詭詐，而且我也曾嘗試去辯白，它內在地具有無從補救的一項弱點，以此而蒙受損害。

卡爾・波普
一九五七年七月記於英國白金漢郡

　　有幾位明眼的書評家，對本書的書名*The Poverty of Historicism*感到困惑。我所以這樣標題，乃是有意影射馬克思*The Poverty of Philosophy*一書的書名，馬克思這本書則係影射普魯東（Proudhon）的*The Philosophy of Poverty*一書。[1]

卡爾・波普
一九五九年六月記於英國白金漢郡

1　譯註：作者似有誤記——十九世紀法國激進哲學家普魯東的著作英譯書名為*The Philosophy of Misery*（《苦痛的哲學》）。又依譯者粗淺的領會，卡爾・波普之撰著本書，其精義實乃在於「濟歷史主義之窮」。

引言

　　人對社會與政治問題發生科學的興趣，只比對天文與物理發生科學的興趣稍為晚些：在古代有些時期（我腦子裡想到的是柏拉圖的政治理論，以及亞里斯多德〔Aristotle〕之收集各種憲法），研究社會的科學，似乎還走在研究自然的科學前面。但是由於伽利略（Galileo）和牛頓（Newton）的出現，物理學獲得了出乎預料的成功，遠超過所有其他各門科學；而自從生物科學上的伽利略 ── 即巴斯德（Pasteur）──出現以後，生物科學幾乎也獲得了同等的成功。然而迄今為止，社會科學似乎仍未找到他們的伽利略。

　　研究各門社會科學的學者，在這樣的處境下，遂極為關切方法問題；而他們對這些問題的討論，絕大多數均寄望於較有成就的科學所採用的方法，特別是物理學。例如，在馮特（Wundt）那一代人中，有意識地企圖去仿照物理學的實驗方法，促成了心理學的改革；而自從穆勒（J. S. Mill）以還，也有人一再地企圖以類似的方式，來改革社會科學的方法。在心理學領域，這些改革雖有很多令人失望的地方，但尚有成功之處。可是理論的社會科學，經濟學除外，從這些企圖中所得到的，除了失望而外，所餘不多。檢討這些失敗，隨即發生了一個問題：物理學的方法是否真能應用到社會科學？頑固而不知變通地相信這些方法的適用性，或許應該對社會科學這些頗遭詬病的狀況負責吧？

　　有許多思想學派對這些較不成功的科學之方法產生興趣，上面的發問，實就這些學派提出了一個簡單的分類。根據其對物理學方法之

適用性所持的觀點，我們可把他們分為親自然主義的（pro-naturalistic）或反自然主義的（anti-naturalistic）；如果他們偏愛物理學的方法以適用到社會科學，便稱之為「親自然主義的」或「肯定的」，如果他們反對使用這些方法，便稱之為「反自然主義的」或「否定的」。

　　一名方法學者，他究竟是支持反自然主義的學說，或是支持親自然主義的學說，或採用聯合兩種學說的理論，大體上是基於：他對所思及科學的特性，持什麼觀點；他對該科學探討的題材之特性，持什麼觀點。我相信後面這一點最是重要。而且我認為，多數方法論上的討論所犯的重大錯誤，即是來自對物理學方法產生的某些極其常見的誤解。具體講，我認為是來自對物理學理論的邏輯形式、驗證他們的方法、觀察與實驗的邏輯功能，做了錯誤的解釋。我認為這些誤解產生了嚴重的後果，我將在本書第三和第四部分證明我的論點。我將說明，種種不同的而有時相牴觸的論證和學說，不管是反自然主義的或親自然主義的，皆奠基於對物理學方法的一項誤解。在第一和第二部分，我則致力於解釋特定的反自然主義與親自然主義的學說，這些學說成為某種獨特的研究途徑的要素，而這兩種學說均結合於該途徑。

　　這個我擬先做解釋，然後再加以批評的途徑，我稱之為「歷史主義」（historicism）。在討論社會科學的方法時，經常碰到，而且往往沒有經過批判性的反思便使用它，甚至視其為理所當然。我對「歷史主義」所了解的意義，在本書內會有長足的解釋。此地我所謂「歷史主義」，意思是指探究社會科學的一個途徑，它設想歷史預測是社會科學的主要目標，並認為，由發現潛藏在歷史進化途程內的「韻律」、「格式」、「定律」或「趨勢」，便可達成這項目標。由於我深信，這樣一種歷史主義的方法論，追根究柢，應對理論的社會科學那種令人不滿的狀態負責（經濟理論除外），因此我在展現這些理論時，勢不能毫無偏見。但我曾經努力地為歷史主義找尋有利的理由，以便承受我

隨後對它的批評。我試圖把歷史主義展現為一種經過慎思熟慮而編織嚴密的哲學。而且我毫無猶豫地構成支持它的論證，就我所知，歷史主義者他們本身向來沒有做到這個地步。我希望，在這種方式下，我已經成功地建立了一個的確值得攻打的據點。換句話說，我曾經試著把這個理論弄成完美，雖然人們不時改進它，但從來沒有做到使它成為充分發展的形式。這就是為什麼我刻意選擇「歷史主義」這不算很熟悉的標題了。在介紹它的時候，我希望避免純粹字面上的爭執：對此書討論的任何論證，是否真正的、恰當的或根本的屬於歷史主義，或「歷史主義」一詞真正的、恰當的或根本的意義是什麼、我希望沒有任何人會置疑。

第一章
歷史主義的反自然主義學說

　　歷史主義主張：由於社會學[1]與物理學差異極深，所以物理學獨
有的一些方法，不能適用到社會科學，藉此而強烈反對社會學領域內
方法論上的自然主義。它告訴我們說，物理定律或「自然定律」，在
任何地方任何時間均屬有效；因為物理世界受到物理規律性構成的一
個系統所支配，這些規律不因時間與空間而變化。然而，社會學的定
律或社會生活的定律，卻因時因地而不同。雖然歷史主義承認，有許
多典型的社會狀況，會產生規律性的再現，這是可以觀察到的，但它
否認社會生活中可查得的規律性，具有物理世界那種不可更改的規律
性之特點。因為這些規律依靠的是歷史與文化的差異，有賴於某一特
殊的歷史境況。因之，一個人在提到經濟定律時，不可不做進一步的
限制，舉例講，他應該提到這是封建時期的經濟定律，或這是工業初
期的經濟定律，諸如此類；總是要提到這些定律所盛行的歷史時期。

　　歷史主義聲稱：社會定律的歷史相對性，使得大多數物理學的方
法不能適用於社會學。這一觀點所憑恃的典型的歷史主義論證，涉及
通則、實驗、社會現象的複雜性、精確預測之困難、方法論上本質主
義的重要性，我將依次檢討這些論證。

1　　譯註：作者在本書所用的「社會學」（sociology）一詞，和目前大學課程表上與
　　「經濟學」、「政治學」等併列的「社會學」有所不同，作者的意思係泛指「研究
　　社會的學問或科學」。本書中作者也常用「社會科學」（social sciences）一詞，
　　提到「社會科學」時，必用複數。「物理科學」（physical sciences）亦同。「物理學」
　　則用physics。

一　通則（Generalization）

　　通則之為可能，以及它在物理科學上的成就，依歷史主義，乃是基於自然的普遍一律性：也就是基於在類似的情況下類似的事物將會發生這一觀察——也許稱之為假設更要好些。這條被認為在任何空間與時間皆有效的原理，據說是物理學方法的基礎。

　　歷史主義堅持說，這條原理在社會學上必然是無用的。類似的情況只在一個歷史時期內出現，他們從來不會從這一時期延續到另一時期。因此，在人類社會裡，長程的通則所憑據的長期規律性，便不存在——那就是說，諸如人總是生活在團體中，或有些東西的供應是受到限制的，而其他東西如空氣的供應是不受限制的，因之只有前者才具有市場價值或交換價值。如果我們把這些自明之理所呈現的瑣碎無謂的規律性（trivial regularity）置之不顧，上述說法即可成立。

　　依歷史主義，忽略此種限制而企圖建立社會一律性之通則的方法，不啻在暗中設想這些規律性是恆存的；職是之故，認為社會科學可自物理學取用它的通則化方法，這種方法論上天真的觀點，必將產生一個錯誤、危險而誤導的社會學理論。社會是不斷發展的，它會發生重大的變化，社會的發展能影響社會生活之基本規律性，凡此都將被這一理論所否認。

　　歷史主義者時常強調：在這樣錯誤的理論背後，通常含有一個辯解性的目標；而不變的社會學定律這個假設，很容易被人誤用以求達成此種目標。第一，它可能被人看作這種論證，認為即使是我們不喜歡或不想要的事物，也不得不接受，因為他們係由不變的自然定律所決定。舉例講，經濟學上那些「無情的定律」，就曾經被人引用來證明使用立法手段干涉工資交涉是無效的。第二個以辯解為目的而誤用

上述假設則是：它在人心中凝聚了一種共同且不可避免的感受，因而使得大家默默地去忍受不可避免的事物，而不予抗議。現在如此，將來也永遠如此，凡是想去影響事件之進展或加以評價的企圖都是可笑的：人不能跟自然定律講道理，企圖去推翻他們，徒然導致災難。

歷史主義者說，要求社會學應該採用自然主義的方法，必然會產生上述那些保守的、辯解的甚至是宿命的論證。

歷史主義者認為，社會的一律性與自然科學的一律性大不相同，藉此而反對那些論證。社會一律性隨著此一歷史時期之變為另一歷史時期而變化，人的活動（human activity）就是促使他們變化的力量。因為社會一律性並不是自然定律，而是人造的；雖說這些一律性靠在人性之上，但這是因為人性具有更改甚或控制他們的能力才如此的。因之，事物可以轉好或轉壞，主動的改革不一定就是無效的。

歷史主義的這些傾向，對那些覺得有主動從事之必要的人，頗具吸引力：他們認為必須干涉，尤其是人的事務，他們拒絕接受既存狀況是不可避免的說法。朝向主動的傾向，以及反對任何種類的知足心理，或可稱之為「主動論」（activism）。我在本書「十七、詮釋的相埒於計劃的社會變化」和「十八、本分析之結論」，會詳細說明歷史主義與主動論的關係；此地我或可引用著名的歷史主義者馬克思表示「主動論」態度的一句名言：「哲學家只是以種種不同的方式解釋世界，然而重點是在改變世界」。[2]

2 　見馬克思：《費爾巴哈論》（*Theses on Feuerbach*, 1845）第十一節；同時也參考本書「十七、詮釋的相埒於計劃的社會變化」。

二 實驗（Experiment）

物理學使用實驗方法，那就是說，它引進了人為的控制、人為的孤立，因之，重新產生類似的狀況和隨之而來的特定效果，便獲保證，這個方法顯然是根據此一觀念：即處於類似的情況下，將會發生類似的事物。歷史主義者聲言，這個方法不能適用到社會學。他還辯道，即使可以適用，也不會有什麼用處。因為，類似的情況只在一個時期的限度內發生，任何實驗的結果，其意義均屬非常有限。更次，人為的孤立恰會消除掉社會學中最重要的因素。嚴格講，人類社會的經濟問題，是由個人間與團體間的經濟交往所產生的，因此魯濱遜（Robinson Crusoe）和他那孤立的個人經濟不能作為人類經濟的一個有價值的模型。

歷史主義者進一步辯道，沒有任何有價值的實驗是可能的。社會學上大規模的實驗，絕對不是物理學意義上的實驗。人們做這類實驗，不是在增進知識，而是在達到政治上的成功。這些實驗，不是在與外界隔絕的實驗室內進行的；倒是這些實驗的進行，改變了社會的條件。由於第一次做實驗後，條件便告改變，所以無從在精確類似的條件下重覆實驗。

三 新異性（Novelty）

剛才提到的論證，值得細加研討。我說過，在精確地類似的條件下重覆大規模的社會實驗，其可能性為歷史主義所否認。因為，這個實驗先前既曾做過，則做第二次實驗時的條件，必受此一事實所影

響。這項論證基於此一觀念,即社會跟一個有機體一樣,擁有一種記憶,我們通常稱之為它的歷史。

在生物學裡,由於一個有機體部分地以過去事件為條件,所以我們可以說一個有機體有它的生命史。如果這種事件重覆出現,則就經歷該事件的有機體講,這些事件便失去了新異性,而變成染上了習慣的色彩。然而這正說明了何以經驗已重覆的事件,不同於經驗原始的事件,也就是說明了經驗一項重覆,乃是新的經驗。因此,就一個觀察者來說,已觀察過的事件之重覆,相當於新經驗的出現。因它形成了新的習慣,重覆的情形便產生了新的、習慣性的狀況。在外在和內在的總合條件下,對同一個有機體重覆特定的實驗,便不足以使我們稱它是真正的重覆。因為有機體所發生的新內在條件,必將與一五一十重覆的環境條件結合在一起,因為有機體會從經驗中學習。

依歷史主義,人類社會亦同此理,因為社會本身也能夠經驗,它也有它的生命史。它可能只是從它本身歷史的(部分)重覆中慢慢學習,但只要它部分地以它的過去為條件,則不容置疑地,它的確是學習了。傳統以及傳統性的忠誠與怨恨、信賴與不信賴,捨此而外,便不能在社會生活中發揮重大的功能。在社會史上,真正的重演必然是不可能有的;這也就是說,我們必須預期,具有內在地新特性的事件將會出現。歷史本身可能重演,但絕對不是在相同的層次上重演,如果有關的事件具有歷史的重要性,且對社會發揮了持久影響的話,更是如此。

在物理學描述的世界裡,沒有任何真正而內在地新的事物會發生。人們也許發明了一架新機器,但我們總可以把它解析為諸元件的重新安排。物理學上的新,其實只是新的安排或新的組合。與上述直接相反,歷史主義堅決地認為,社會的新跟生物的新一樣,是一種內在的新。它是真正的新,不能化簡為安排上的新異性。因為,在社會

生活中，同樣的老因素處於一個新的安排內，則根本不再是真正同樣的老因素。既然沒有任何東西可精確地自我重覆，那麼真正的新異性便必然總會出現。這在考量歷史的新階段或時期時，意義至為重大，因為每一歷史時期皆與其他時期內在地有所不同。

　　歷史主義聲言，一個真正新的時期之出現是最偉大的一刻，無可倫比。我們把物理學領域的新異性，視作我們原已熟悉的元件之重新安排，以解釋之，我們若尾隨這種方式，便習慣性地會採取這種路線來探討社會生活，但社會生活中這一最重要的現象卻不能如此探討。即便物理學常用的普通方法可適用於社會，他們也絕不能適用到最重要的社會現象之上——諸如它之區分為各時期和新異性的出現。把普通的物理學方法適用到社會學的問題，可幫助我們理解社會發展的問題，一旦我們了解到社會的新之意義時，我們便會被迫放棄此一觀念。

　　此外，社會的新還有更深入的一面。我們知道，每一特殊的社會發生（social happening），社會生活中的每個單一事件，就某一特定的意義言，都可以說是新的。它可能跟其他事件屬於同一類，它在某些方面可能與這些事件相像，但就一個非常明確的方式言，它永遠是獨一無二的。就社會學上的解釋所關切者來說，這種情形所導致的境況，與物理學的境況截然不同。我們對社會生活加以分析，也許能夠發現並直觀地了解：某一特殊事件是怎麼來的，它為什麼會這樣；我們也許清楚地了解它的因與果，亦即了解到促使它發生的各種力，以及它對其他事件的影響；這都是可以理解的。話雖如此，我們也許依然會發現，我們不能用一般詞語來形成一般定律，拿它作為這種因果連結的一種描述。因為我們已發現的特殊諸力，也許只能正確地解釋某一特殊的社會學境況，而不能解釋其他境況。而這些力可能恰好是獨一無二的，他們在這一特殊的社會境況中，也許只出現一次，以後便不再出現。

四　複雜性（**Complexity**）

　　剛才述及的方法論上的境況，有許多更深入的層面。其中有一個經常被人討論（此地將不予討論）的是：某些獨特人物在社會學上的職能。另一個則是社會現象的複雜性。在物理學裡，我們處理的主題材料遠較不複雜，雖然這樣，我們還進一步用實驗上的孤立方法，來人為地使題材簡化。由於這個方法不能適用到社會學，所以我們便面臨了一個雙重的複雜性，其中一個是由於不可能有人為的孤立而產生的，另一個則是由於社會生活是一個自然現象，它以個人心智生活為其條件，亦即是以心理學為先在條件，而心理學又轉過來以生物學為先在條件，生物學又轉過來以化學和物理學為先在條件，這項事實產生了另一個複雜性。在這諸科學的層級中，社會學殿末，這項事實直白地向我們說明了社會生活內所含諸因素的巨大複雜性。即使真有絲毫不爽的社會學一律性，跟物理學領域的一律性同，但由於這個雙重的複雜性，我們也很可能無從找出它們。如果我們不能找到它們，那麼堅持說即便如此它們依然存在，便沒有多大意義。

五　預測之不準確（**Inexactitude of Prediction**）

　　在討論歷史主義之親自然主義的學說時，我們將會看到，歷史主義傾向於強調預測的重要性，把它當作科學的職責之一（雖則我不相信歷史預言〔historical prophecy〕是社會科學的職責之一，但在這方面，我還相當同意。）然而歷史主義卻又辯道，社會預測必然是非常困難的，其所以如此，不僅是因為社會結構的複雜性，同時也因為預

測與被預測事件二者間的相互聯帶關係，產生了一種奇特的複雜性。

預測可能對被預測的事件具有影響力，這本是一個很古老的觀念。依傳說所述，伊底帕斯的父親聽信一項預言而把他遺棄，後來他便把向未謀面的父親殺死，這就是該預言的直接結果。所以我建議用「伊底帕斯效果」（Oedipus effect）來表示預測對被預測事件所發生的影響（或更廣泛地說，某項消息對該消息指涉的境況所發生的影響），不管這個影響是促成了被預測事件的實現，或是阻止了它的實現。

歷史主義者最近指出，這種影響可能與社會科學有相干關係，它可能增加了做準確預測的困難，並危及社會科學的客觀性。他們說，如果設想社會科學能發展到這個地步，亦即對每一種社會事實與事件均可提出精確科學的預告，則必將產生荒謬的結果，因之，這種設想便可從純邏輯的根基上予以推翻。因為，如果我們能構成這樣一種新的科學的日程表，並普遍為人所知（它不能長時期的保持秘密，因為原則上，任何人皆可再發現它），那麼它必定引起某些行動，而推倒了它的預測。舉例講，假定有人預測說，股票價格會上漲三天，然後便下跌。那麼很明白地，每位跟股票市場有關的人，都會在第三天出售，而在那天引起股價下跌，使得預測錯誤。簡單說，一個精確而詳細的社會事件之日程表，這個觀念是自相矛盾的；因之，精確而詳細的科學的社會預測是不可能的。

六　客觀性與價值化（Objectivity and Valuation）

我們已經知道，歷史主義為了強調在社會科學裡頭從事預測的困難，便提出了種種論證，而以分析預測對被預測事件的影響為其基礎。但根據歷史主義，在特定的情況下，這種預測對預測觀察者可能

具有重大的回應作用。甚至物理學裡也有類似的考慮，物理學的每個觀察，皆奠基於觀察者與被觀察者間的能量之交換；這導致了物理預測的不確定性，通常可予以忽略，這就是「不定原理」（principle of indeterminacy）所描述者。這種不確定是由於觀察主體與被觀察客體間的互動而形成的，因為二者皆屬於同一個行動與互動的物理世界，這樣認為是可以成立的。正如波爾（Niels Bohr）所指出的，物理學內的這個境況，在其他科學尤其是生物學與心理學，也有類似的例子。但在社會科學裡，科學家及其研究客體屬於同一更大的時刻的世界，為其他科學所不及；這件事實促成（如上面所說明過的）了預測的不確定性，有時候這種不確定性具有重大的實際意義。

在社會科學上，觀察者與被觀察者、主體與客體間形成一個充足而複雜的互動，這是我們所面臨的情形。我們若了解到一些趨勢的存在會產生未來事件，再者，若了解到預測本身可能對被預測事件發揮影響，那麼我們的了解便可能對預測內容具有回應作用；而此種回應作用可能會嚴重地損害預測的客觀性，以及社會科學其他研究成果的客觀性。

一項預測即是一個社會發生，它可能與其他社會發生交相運作，其中有一個就是它所要預測的。我們已經知道它可能有助於促進這一事件；但也很容易看出它也可能以其他方式影響這一事件。舉個極端的情況來講，它甚至可能引起它所預測者之發生：如果不是已被預測過的話，該發生可能根本不會出現。而從另一個極端講，對某一將要來臨的事件加以預測，可能導致它的不發生。（所以有人也許會說，社會科學家有意地或無意地避免預測，也可能促成或引起它的發生。）在這兩個極端之間，明顯地還有許多介乎二者的情況。預測某些事物，避免預測某些事物，這兩個行動極可能都會產生所有各種後果。

現在已很清楚，社會科學家必須及時了解這些可能性。舉例講，

社會科學家可能預測某一事物，他預先知道，他的預測將會引起它的發生。或者他可能否定某一事物之將告出現，因而阻止了它的發生。在這兩種例子當中，他可能都遵守達成科學客觀性的原則：只說出真理，除真理外一概不奉告。他雖然已說出了真理，但是我們不能說他已遵守了科學的客觀性；因為他在做預示時（不久即來的發生會予以實現），他可能已經沿著個人偏好的方向而影響了這些發生。

歷史主義者也許會承認，上述的說法多少有點圖表化，但他仍將堅持，上述說法很醒目地顯現了一個要點，幾乎社會科學的每一章節皆有之。科學家的聲明與社會生活間的交互運作，幾乎不變地會造成一些境況，使得我們不僅要考慮此種聲明之是否為真，而且也要考慮他們對未來的發展所產生的實際影響。社會科學家可能致力於尋找真理，但在這同時，他對社會必然總是發揮了一種確定的影響。他的聲明的確發揮了一種影響，這件事實摧毀了這些聲明的客觀性。

截至目前為止，我們都假設：社會科學家的確致力於找尋真理，除真理外心無旁騖；但歷史主義者將指出，我們在上面所描述的境況，顯示了我們做此假設的難題。因為，偏好與興趣既然對科學理論的內容及預測具有這種影響，那麼偏見是否能夠確定並予以避免，便必然變成至為可疑的一回事。職是之故，我們發現，在社會科學裡頭，很少有像物理學裡那種客觀而理想的探討，便無需驚訝了。社會生活中有多少趨勢，社會科學中便能找到多少趨勢；有多少利益便有多少立場；對此我們必須有所預期。歷史主義的這種論證，是否不致於導向那種極端的相對主義，即認為客觀性及理想真理，皆不能適用於社會科學，而只有政治上的成功才具備決定性；或許不無可疑。

為了舉例說明這些論證，歷史主義者可能會指出，某一社會發展期如內在含有某一特定的趨勢，則影響這種發展的社會學理論之被找出，便可預期。因之，社會科學可能發揮了助產士的功能，有助於促

進新社會時期的出現；但在保守派利益之手的運用下，它同樣地也可以用來延阻社會變化。

　　社會學上種種不同的學說與學派，其差異如何，或可就上述這樣一種觀點，來予以分析及解釋：一是把其差異跟某一歷史期內流行的好尚及利益連結起來（此一途徑有時稱之為「歷史論」〔historism〕，不可與我所謂的「歷史主義」〔historicism〕混為一談）；一是把其差異跟政治的、經濟的或階級的利益連結起來（此一途徑有時稱之為「知識社會學」〔sociology of knowledge〕）。

七　有機全體論（Holism）

　　絕大多數歷史主義者相信：物理科學的方法之所以不能適用到社會科學，還有更深一層的理由。他們辯道，社會學跟所有「生物的」科學一樣，也就是說，跟所有處理有生物體的科學一樣，不得依循原子的（atomistic）而應依循現在所謂的「有機全體的」（holistic）態度來進行探討。因為社會學的研究對象是社會團體，絕不可視之為僅只是許多人的結合而已。社會團體並非僅只是其構成員的總合，亦非構成員間時時刻刻皆存在的個人關係之總合而已。即使是由三個成員構成的簡單團體，亦可看出這點。由甲和乙所建立的團體，在性質上不同於由乙和丙所建立的團體，雖然二者的成員均是甲乙丙。我們說，一個團體有它自身的歷史，其結構大部分靠在它的歷史上（見本書「三、新異性」處），上面所述即是舉例說明了此種說法的意義。一個團體如果失去了幾位較不重要的成員，仍很容易保持它的特性。甚至於一個團體的所有原始成員已被其他人取代，它仍能保持大部分的原始特性，這也是可以了解的。但現在組成該團體的同樣一批成員，極

可能已經建立了非常不同的一個團體，如果他們不是一個個挨次進入
原始團體，而是代之以創建一個新團體。團體之成員的個性可能大大
地影響了該團體的歷史與結構，但這件事實並不能阻止該團體具有它
本身的歷史及結構，也不能阻止該團體之對其成員的個性發生強烈的
影響。

　　所有的社會團體，都具有他們自己的傳統、他們自己的制度、他
們自己的儀式。歷史主義聲稱，如果我們希望理解及解釋社會團體的
現狀，如果我們希望去了解並預見它的未來發展，那麼我們必須研究
該團體的歷史。

　　社會團體之有機全體的特性，我們若視之為純粹是諸成員的集
合，便不能予以充分的解釋，這件事實使得歷史主義者之區分物理學
上的新與社會生活上的新，更易令人明白。物理學上的新是諸元件或
要素的新結合或安排，這些元件或要素本身並不是新的；社會生活上
的新是真正的新，不能化除為僅只是安排上的推陳出新。如果一般的
社會結構不能解釋為諸部分或諸成員的結合，那麼很明顯地，我們必
定也不能用這個方法來解釋新的社會結構。

　　歷史主義堅持：在另一方面，物理結構可解釋為僅只是「構成
圖」，或是諸部分連同其幾何構造的總合。試以太陽系為例，雖然它
的歷史研究起來也許很有趣，而且有助於我們之了解它的現狀，但我
們知道，就某一意義言，其現狀是獨立於該系統的歷史之外的。該系
統的結構，它的未來運動和發展，充分受到系統內成員目前的配置情
形所影響。若知道其成員在任一時刻的相對位置、質量及運動量，則
該系統的未來運動便完全被決定了。我們不需追問附加的知識，諸如
行星中何者較老，何者是從太陽系外進入太陽系內的，也就是它的構
成史，雖然研究起來可能很有趣，但對我們之了解它的行為、運動原
理及其未來發展，並無貢獻。在這方面，物理結構顯然與社會結構大

不相同。我們如果不曾仔細研究過社會結構的歷史，則即使我們完全知道它目前的「構成圖」，我們也無從了解它和預測它的未來。

上述這些考慮，強烈地指出了：歷史主義與研究社會結構的所謂生物論或有機論，關係密切，這種理論把社會組織比擬為有生機體而從事解釋。有機全體性，據說是生物現象中普遍呈現的特點，而有機全體的研究途徑，在探討不同有機體的歷史如何影響其行為時，也被看成是不可或缺的一個途徑。職是之故，歷史主義中的有機全體的論證，便有強調社會團體與有機體間相同之處的傾向，雖然他們不一定就因此而接受社會結構上的生物論。同理，著名的探究團體精神的理論，把團體精神當作團體傳統的傳衍者，此理論雖不一定是歷史主義論證的一部分，但與有機全體的觀點卻有密切的關係。

八　直觀的領悟（**Intuitive Understanding**）

直到目前，我們探討的大體上是社會生活中具有代表性的幾個現象，諸如新異性、複雜性、有機性、全體性以及社會史分期的方式；根據歷史主義，這些現象，使得物理學中的典型方法不能適用到社會科學。因此，在從事社會研究時，必須採取較為充實的歷史方法這個途徑。我們必須嘗試去直觀地領悟不同社會團體的歷史，這是歷史主義中反自然主義觀點的一部分，這個觀點有時進一步發展為方法論上的一種學說，而這學說與歷史主義關係密切，雖說它並非一成不變地與歷史主義連結在一道。

這個學說認為，適用於社會科學的方法，係以對社會現象的切身理解為基礎，而與自然科學的方法相反。我們提到這個學說時，通常便會強調下列的相反之處與對比。諸如：物理學以因果解釋為目標，

社會學則以理解宗旨和意義為目標。在物理學裡，藉著數學公式的幫助，對事件做嚴謹而數量化的解釋；社會學則嘗試用較為質性的詞語，例如，用不相一致的趨勢與宗旨，或用「國民性」、「時代精神」等詞語，來理解歷史的發展。這就是為什麼物理學採用歸納的通則來研究，而社會學則只能借助於同情的想像了。物理學之所以能達成普遍有效的一律性，並把特殊的事件解釋為此種一律性的例證；而社會學對於獨一的事件，對於由種種利益、趨勢、命運糾纏而成的特殊境況中，這些獨一事件扮演什麼功能，如能具有直觀的領悟，必當就此滿足矣。理由也在此。

關於直觀領悟的學說，我建議將它區分為三個流派。第一派主張：我們要理解某一社會事件，事先應分析促成它的各種力，也就是說，當個人與團體介入該事件時，則須知道他們的目標或利益，以及他們所能運用的權力。此處所理解的個人行動或團體行動，是指符合他們目的的行動，如增進他們的真正利益，或者至少增進他們想像中的利益。此處所想到的社會方法，是指對朝向特定目的的種種活動，不管是合乎理性的或不合乎理性的，予以想像性地重建。

第二個流派還要更進一步。它承認這樣一種分析是必要的，特別是在理解個人行動或團體活動時，是有必要。但它認為，若要理解社會生活，光是這樣是不夠的。如果我們要理解某一社會事件的意義，試以某一政治行動為例，則光從目的論的觀點理解其如何及何以發生，猶然不足。除此而外，我們必須了解它的意義，這件事的發生具有什麼重要意義。此地所謂的「意義」與「重要意義」，其含義為何？依我所述第二派的觀點立論，則其回答當是：一個社會事件不僅發揮了一定的影響，它不僅在適當時間內導致其他事件，而且就在該事件成立的當下，便改變了範圍甚廣的其他事件之境況價值（situational value）。它創造了一個新境況，在該領域內的所有客體和所有行動，

均需予以重新定向和重新解釋。舉個例講，在某國成立新的一支軍隊，要理解這樣一種事件，我們必需分析它的動機、利益等等。但是我們若不分析它的境況價值，例如另一國的武力，在此之前足可保護某國，現在可能已不足以擔當這項任務，則我們便不能充分理解這一行動的意義或重要意義。簡言之，因為在任何人注意到變化之前，境況可能早已變化，所以甚至遠在事實的變化——物質的或心理的——發生之前，整個社會境況可能已經變化過了。因之，為求要了解社會生活，我們不僅要分析事實上的因與果，也就是說，分析動機、利益和行動所引起的反應，我們還必需理解每一事件，每個事件在整體之內，皆扮演了一定的具有代表性的角色。事件從它對整體的影響而得到它的重要意義，因之，它的重要意義便部分地為整體所決定。

直觀領悟學說的第三派，又更進一步，它完全承認第一派和第二派的看法，但它認為，要了解一個社會事件的意義或重要意義，單是分析它的源由、效果及境況價值，還是不夠的。除了這種分析而外，我們還必須分析特定時期內盛行的客觀而基本的歷史潮流或趨向（諸如傳統或強權的成長或衰退），並分析我們所探討的事件，對此類趨勢所顯現的歷史進程，有什麼貢獻。舉例講，我們若要充分理解德瑞佛斯案（Dreyfus Affair），除了分析它的源由、影響及境況價值外，還需要洞見一項事實，即這案件是法蘭西共和國的發展歷程中，民主與專制、進步與反動這兩大歷史趨勢間的衝突之體現。

直觀領悟法的第三派，強調歷史潮流或歷史趨勢，就某一程度言，這一立場不啻在暗示，類比推理法（inference by analogy）可從此一歷史時期適用到彼一歷史時期。雖然它充分承認，歷史期是內在地彼此有別的，一個事件不能在社會發展的另一期中真正地重覆自己，但它仍可承認，在相隔遙遠的不同歷史期中，可能會盛行著類似的趨勢。舉例講，有人就認為，亞歷山大之前的希臘，和俾斯麥之前的南

德意志，兩者間便有此種相似或類似之處。碰到這些實例時，直觀領悟法便提示說，我們在評斷某一事件的意義時，應該把它拿來跟更早期所出現的類似事件兩相比較，如此一來，便能幫助我們預見它的新發展，不過，千萬不要忘記，這兩個時期間不可避免地有所不同，我們必須適當地列入考慮。

準是而論，我們便知道，凡能理解社會事件之意義的方法，必定會遠遠超過因果解釋。它在性質上必然是有機全體的，其目標是在決定該事件於複雜結構內扮演的角色，此一結構是一個整體，不僅由同時呈現的諸部分所構成，亦為其時序發展中諸連續階段所組成的。直觀領悟法的第三派，傾向於信賴有機體與團體間的類比關係，它傾向於運用諸如時代的心靈或精神等觀念，視之為一切歷史潮流或趨勢的來源和監督人，在決定社會學事件的意義上，佔有舉足輕重的地位。凡此種種，不難由上述來加以解釋。

但直觀領悟法不僅與有機全體的觀念相調合，它也跟歷史主義者之強調新異性，甚為符合。因為我們不能因果地或理性地解釋新異性，而只能直觀地予以把握。後頭當我們討論到歷史主義中親自然主義的學說時，將會發現，強調歷史趨勢或「潮流」的直觀領悟法之第三派人士，跟親自然主義的歷史主義者，兩派間關係甚為密切。（參閱本書「十六、歷史發展說」）

九　數量方法（Quantitative Methods）

提到直觀領悟的學說時，連帶地常常強調種種相反之處或對比，下列幾種是歷史主義者經常強調的。歷史主義者說，在物理學中，藉著數學公式的幫助，我們可以嚴謹而精確地以量的詞語解釋事件。另

一方面，在社會學中，我們比較常用質的詞語來理解歷史的發展，例如用相衝突的趨勢與目標等名詞來理解。

反對數量與數學方法之適用性，這種論證絕非專屬於歷史主義者；的確，具有強烈反歷史主義觀點的作者，甚至有時也排斥此種方法。但反對數量與數學方法的論證中，有幾個最富說服力的論證，卻頗能帶出我所謂歷史主義的觀點，此地我們要討論的就是這些論證。

當我們檢討反對在社會學裡使用數學與數量方法的意見時，腦子裡馬上會產生一個強烈的反對：這個態度似乎與事實相衝突，有些社會科學實際上正在使用這些方法，並且甚為成功。面對這項事實，我們怎麼能夠否定它的適用性？

為了對抗此種反對，人們可能會舉出一些論證以對抗數量與數學觀點，而這些論證，具有歷史主義者思考方式的特徵。

歷史主義者可能會說，我相當同意你的評語；但社會科學上的統計方法，跟物理學上的數量及數學方法，二者間仍有極大的差異。物理學上依數學公式而形成的因果定律，社會科學知道他們根本沒有可與之相比擬的東西。

試以此一物理定律為例，（不論其波長為何的光）光線穿過的孔越小，則其折射角越大，這一型的物理定律，具有如下的形式：「在特定的條件下，如果A數值依某一特定方式而變化，則B數值亦依某一可預測的方式而變化。」換言之，這樣一種定律表達了一可計算的數量之依靠另一可計算的數量，而其依靠方式係以精確的數量詞語把它記述下來。物理學用這種形式表達它的所有定律，獲得相當的成功。為了達到這點，第一步工作即是將一切物理質性轉譯為數量詞語。舉例講，它必須以數量的描述──如某一波長和某一密度的光，取代質的描述──如鮮明的黃綠色光線。以數量方式來描述物理質性，這個過程，顯然是因果性物理定律得以化為數量公式所必需的先決條件。

這樣一來，我們便能夠解釋何以某些事物會發生：例如有個定律涉及孔的寬度與折射角度的關係，在此一定律的假設下，我們便能根據孔的縮小這一事實，來對折射角之增大給予一個因果解釋。

歷史主義者認為，社會科學也必須嘗試做因果解釋。例如，他們可能依工業的擴張之角度，以解釋帝國主義。但是如果我們檢討這個例子，我們馬上發現，企圖依數量詞語表達社會學的定律，乃是毫無希望的。因為如果我們檢討這個公式，即「隨著工業化的增強，走向領土擴張的趨勢也隨之而增加」（這個公式雖然很可能不是事實的真正描述，但至少是可以喻解的），我們立即會發現，對於走向擴張的趨勢，或工業化的增強，我們缺乏任何方法來予以測量。

歷史主義反對數量與數學方法的論證，總括而言，即是認為：社會學家的工作是在以社會實體——如國家、經濟系統、政府形式，來對歷史進程中發生的變化做一個因果解釋。由於就我們所知，目前尚無方法可用數量詞語來表達這些實體的質性，所以不可能形成數量定律。假定社會科學也有因果定律，則它一定與物理學的因果定律性質大為不同，它是質性的，而不是數量的和數學的。如果社會學的定律能將任何事物做等級區分的話，也只能用很含混的詞語來這樣做，頂多只能具有極為粗略的尺度。

凡是質性，不管它是物理的或非物理的，看來只能藉人的直觀來予以評斷。因之，我們在此處討論的論證，乃是支持了上述有利於直觀領悟法的那些論證。

十　本質論相垺於名目論（**Essentialism versus Nominalism**）

強調社會事件之質的特性，進一步引起了一個問題，即指稱質的

詞語，其地位如何的問題，也就是所謂的共名問題（problem of universals），這是最古老最根本的哲學問題之一。

中古時代對這個問題爭論很多，其實這問題根源於柏拉圖和亞里斯多德的哲學。它通常被認為純粹是形上學的問題，但和大多數形上學問題一樣，我們也可以使它改頭換面，變成一個科學方法的問題。此地我們只探討方法論的問題，對形上學的問題僅做簡略的概述。

每門科學使用的詞語，都是所謂全稱詞語（共名），諸如「能」、「速度」、「碳」、「白」、「進化」、「正義」、「國家」、「人性」等。這些與我們所謂的單稱詞語或個別概念有別，如「亞歷山大大帝」、「哈雷彗星」、「第一次世界大戰」等，此種詞語是特有的稱呼，由我們的習慣賦予它所指涉的個體事物之標記。

關於全稱詞語的本質，有兩派人對它爭論很久，而且有時頗為激烈。一派認為，共名之所以不同於特名（proper names），只在於它所指的是一組成員或一類個別事物，而不是專指單一的事物。就這派看，「白」這個全稱詞語，並不是什麼，只不過是指一組不同事物的標記而已，例如說是雪花、桌巾、天鵝的標記。這就是名目派的學說。傳統上叫作「唯實論」（realism）的學說則予以反對，「唯實論」是有點易滋誤會的名稱，因為這個「唯實的」（realist）理論，曾經也被稱為「唯心的」（idealist）理論。因此我建議對這反名目論的理論，重新命名為「本質論」（essentialism）。本質論者否認我們先收集一組個別事物，然後用「白」作為他們的標記；相反的，他們認為，我們之所以稱每個事物是「白」的，是因為這些事物跟其他白的事物一樣，均內在地具有叫作「白性質」的屬性。全稱詞語所指的這個屬性，本質論者視之為一客體，值得我們去研究，正如個別事物本身值得研究一樣。（有人聲稱，全稱客體例如白，超乎個別事物和一組或一群個別事物而「真實〔really〕」存在，「唯實論」一名即出自此處。）

因之，便認為全稱詞語指的是全稱客體，正如單稱詞語指的是個別事物。全稱詞語所指謂的這些全稱客體（柏拉圖稱之為「形式〔Forms〕」或「觀念〔Ideas〕」，也叫作「本質〔essences〕」）。

但是本質論不僅相信共相的存在（也就是說，全稱客體的存在），而且也強調他們對科學的重要性。它指出，單稱客體呈現有許多偶見現象（accidental features），科學對這些現象不感興趣。試就社會科學中舉例來講，經濟學感興趣的是貨幣與信用，但它不理會硬幣、銀行票卷、支票的外形是什麼模樣。科學必須脫開偶見現象，而透入事物的本質。但任何事物的本質總是一些普遍共具的東西。

以上幾點，指出了這個形上學問題在方法論上的幾個含義。然而我現在要討論的方法論問題，事實上可看作與形上學問題無關。我們將沿著另一條路徑來接近這個問題，這一途徑可避開全稱與單稱客體之是否存在、二者間的差異等問題。我們只討論科學的目的與手段。

我建議稱之為「方法論上的本質主義者」的學派，創始於亞里斯多德，他說，為了解釋事物，科學的研究必須透入事物的本質。方法論上的本質主義者，往往把科學的問題化成下列的公式，如「物是什麼？」、「力是什麼？」、「正義是什麼？」，而且他們相信，對這些問題若有透入的回答，則能顯露這些詞語的真實或根本的意義，因之亦可顯示詞語所指之事物的真實或真正本性，如果這不是科學研究的主要工作的話，至少是科學研究上所必需的先決條件。方法論上的名目論者反對這些說法，他們用下列句法來提出他們的問題，如「這塊物質是如何行動的？」，或「在其他物體面前它是如何運動的？」因為方法論上的名目論者認為，科學的工作僅在記述事物如何行動，並且提示說，若要做到這點，應於必要時自由地引入新詞語，在方便時自由地重新界定舊詞語的意義，不必顧慮他們的原始意義。因為他們認為，文字不過是記述上的有用工具而已。

　　大多數人將會承認，方法論上的名目論，已在自然科學方面得到勝利。舉例講，物理學並不探問原子或光的本質，但是它非常自由地使用這些詞語，拿來解釋和記述物理觀察的結果，並且拿來稱呼一些重要而複雜的物理結構。生物學也是這樣。哲學家也許會向生物學家追問：「生命是什麼？」、「進化是什麼？」等問題的答案，有時候，一些生物學家也許覺得應當對這些要求有所回應。然而，就整體而論，科學的生物學所處理的是與此不同的問題，它採取的解釋和記述的方法，也非常類似於物理學所用的方法。

　　在社會科學裡，方法論上的自然主義者偏好名目論，反自然主義者則偏好本質論，這是我們本該預料的。但是事實上，本質主義似乎占了上風，而且並未遭受任何非常強勁的反對。因此，有人提出了看法，認為自然科學的方法基本上是名目論的，而社會科學則必須採取方法論上的本質論。[3] 人們辯道，社會科學的職責是在理解及解釋社會學的實體，如國家、經濟行動、社會團體等等，而唯有透入他們的本質才能做到這點。每個重要的社會學實體，若要予以記述，則需先行假設有種種全稱詞語，而如像自然科學一樣，自由地引進新詞語的話，必將不得要領。社會科學的職責是在明白而恰當地記述這些實體，也就是說，從偶見現象中區別出本質現象，這就需要對他們的本質有所認識。「國家是什麼？」、「公民是什麼？」（亞里斯多德在《政治學》一書中，認為這是基本的問題）、「信用是什麼？」、「教會人與世俗人（或教會與世俗）的基本差異是什麼？」諸如此類的問題，不祇是完全合理的問題，而且正就是社會學理論本當回答的問題。

　　對於形上學問題的態度，以及有關自然科學方法論的意見，歷史

3　參考拙著：《開放社會及其敵人》（*Open Society and Its Enemies*）第三章第六節，尤其是註卅，並參考第二章第二節。

主義者彼此之間，可能有所不同，但一談到社會科學的方法論，則他們將站在本質論的一邊，而反對名目論，這是很明白的。其實我所知道的歷史主義者，幾乎每一位都持這種態度。但是他們之所以如此，到底是歷史主義中普遍的反自然主義趨勢所使然，或者另有其他特別的歷史主義論證，促使他們偏好方法論上的本質論，這其他特別的歷史主義論證，促使他們偏好方法論上的本質論，這倒是值得探討的。

　　首先，反對在社會科學裡使用數量方法的論證，明顯地與本問題有關。強調社會事件的質性，以及強調直觀的領悟（相反於純粹的記述），實已指出了與本質論關係密切的態度。

　　但此外還有其他的論證，更足以說是歷史主義的典型論證，這是依循一種思想潮流而獲得的，讀者們現在當已熟悉此種思潮了。（附帶一提，這些論證，依亞里斯多德所言，實即與促使柏拉圖發展出第一個本質論的論證相同。）

　　歷史主義強調變化的重要性。歷史主義者很可能辯稱，在每一變化中，必然有促使它變化的某種東西。即使沒有任何東西未經變化，我們也必定能夠指認出什麼東西是已經變化過的，這樣我們才能談到所謂變化。在物理學上，這是相當容易的一件事。例如，在力學上，一切變化都是運動，也就是說，物體在時空位置上的變化。但是社會學的主要興趣在於社會體制，這些體制經過變化以後，並非輕易地即可指認出，因此面臨了較大的難題。就簡單記述性的意義講，對於未變化前與已變化後的社會體制，我們不可能視之為相同的體制；從記述性的觀點言，它可能是全然不同的東西，舉例講，對當前英國的政府體制做一自然主義式的描述，可能即顯得與四百年前的體制全然不同。但是我們仍然可以這麼說，只要政府依舊存在，則它本質上（essentially）是相同的，雖則它可能業已經歷過頗大的變化。它在現代社會的功能，本質上雷同於它在過去所實現的功能。雖然近乎沒有

任何可描述的面貌維持原樣，但仍然保持了它的本質身分，容許我們把此一體制，看作是從另一體制變化而來的形式。在社會科學中，我們如果不預先假定一個不變的本質，如不根據方法論上的本質論來進行研究，我們便無從談到變化或發展。

當然，有些社會學上的詞語，例如不景氣、通貨膨脹、通貨緊縮等，起先使用的時候，純粹是名目論的意味。但即便是這樣，他們目前也未能保有其名目的特性。隨著社會狀況的變化，我們立即發現，關於某一現象是否真正是通貨膨脹，社會科學家們彼此意見不一致；因此，為了精確起見，我們有必要去研究通貨膨脹的基本性質（或本質意義）。

所以對於任一社會實體，我們可以說：「就其本質言，它極可能以任何其他形式，出現在任何其他地方；同理，它可能正在變化，而事實上仍然未變；或依不同於它實際發生變化的方式以外的方式而變化。」（這是胡塞爾〔Husserl〕說的話）對可能產生的變化，其範圍如何，不能先驗地（a priori）予以限制。就一個社會實體而言，哪一種變化是它所能經受得起而又維持原狀，實在不可能予以指出。從某些觀點言，某些現象在本質上是不同的，但從其他觀點言，它們可能在本質上是相同的。

從上面發揮的歷史主義論證中，我們可以知道，對社會發展予以赤裸的描述，乃是不可能的；或者這樣說，一個社會學上的描述，絕對不可能是名目論意義下的純粹描述。如果一個社會學的描述不能免於本質問題，那麼一個談到社會發展的理論，更不能免於這項問題。如何決定及解釋某一社會期的獨特現象，連同如何決定及解釋它的張力、內在趨勢與潮流，這些問題，必然會使得名目論方法所做的種種企圖落空，有誰會否認呢？

準是而論，方法論上的本質論，便可以奠基於歷史主義的論證，

即赫拉克利特式的（Heraclitean）論證，認為變動中的事物，使得理性的描述落空，柏拉圖實際上即藉此而發展出他的形上學本質論。因之，科學或知識便需預先假定：某種不變的事物，始終保持自身如一的事物——即本質。因之，歷史，即變化之描述；而本質，即於變化期間維持不變者；二者於此成為關連概念（correlative concepts）。但此種關連性還有它的另一面，就某一意義言，一項本質也即預先假定了變化，從而也就預先假定了歷史。因為，如果一事物於變化時仍保持自身如一或未變的話，此一原理就是它的本質（或稱之為觀念、形式、本性、實體／質），那麼，該事物所經歷的變化，便顯示了該事物的不同方面、現象或可能性，亦即它的本質。準此，則本質可解釋為事物內在潛能之總合或根源，而變化（或運動）即可解釋為其本質之隱藏潛能的實現或體現。（這種說法源自亞里斯多德）那麼，一個事物，也即其不變的本質，只有藉由它的變化，才能被人所知。舉例講，如果我們想知道某物是否為黃金所作成，我們便必需敲擊它，或對它施予化學試驗，也就是改變它，使它的隱藏潛能展露出來。同理，一個人的本質——即其人格，只有它自身展現於他的傳記中時，我們才有所知。把這個原理應用到社會學上，那麼我們便會得到如下結論：唯有藉由它的歷史，一個社會團體之本質或真正特性，才能透露自身，並為吾人所知。但如果社會團體只有經由其歷史始能為人知，那麼用來描述他們的概念，便必然是歷史的概念。日本國、義大利民族或雅利安人種等社會學的概念，只能解釋為奠基於歷史研究而得的概念，除此無他。社會階級亦然，例如小資產階級（bourgeoisie），我們只能用它的歷史來定義它，即將它看成是透過工業革命取得權力的一個階級，它曾經打倒地主階級，而現在又正與無產階級鬥爭等等。

　　本質論能使我們從變化事物中找出它的本自身分（identity），也許人們係以此為根據，而把本質論引進來；但它又轉而提供了幾個最

有力的論證，以支持社會科學必須採取歷史方法的學說，那就是說，支持了歷史主義的學說。

第二章
歷史主義的親自然主義學說

　　物理科學與社會科學的方法，二者間有一個共通的要素，歷史主義者固然基本是反自然主義的，但絕不反對這個觀念。其所以如此，也許當歸因於這項事實，即一般而言，歷史主義者採取這個看法（我也十分同意），認為社會學跟物理學一樣，都是知識的一個部門，其宗旨在於同時成為理論的（theoretical）與經驗的（empirical）知識。

　　我們說社會學是一個理論的學科，意思是指，它必須借助於理論或普遍定律（這是它想要去發現的），以解釋及預測事件。我們用經驗的一詞來描述社會學，意思是說，它以經驗為支柱，他所解釋及預測的事件，是可以觀察的事實，根據觀察之所得，從而接受或摒棄任何提出來的理論。當我們談到物理學的成功時，腦子裡想到的是它在預測上的成功，而它的預測成功，也等於是說物理定律得到經驗上的確證。我們拿社會學的物理學對比，看看它的相對成就如何，我們就是假設，社會學的成功和物理學一樣，基本上還是在於預測之得到確證。那麼我們便可以說，某種方法——如借助於定律來預測，並以觀察結果來驗證定律——必然是物理學與社會學共同具有的。

　　我認為這是歷史主義的基本假設之一，這是事實，不過我仍十分贊同這觀點。但我不同意把這觀點更詳細的發展下去，這些發展促成了許多觀念，我會在隨後有所描述。初看之下這些觀念似是剛才所述的一般觀點的直接結果，但事實上他們卻混入了其他假設，具體講就是歷史主義中的反自然主義學說，尤其是論述歷史定律或潮流的學說。

十一　與天文學相比照：長程預告和巨幅預告[1]
（Comparison with Astronomy. Long-term Forecasts and Large-scale Forecasts）

　　現代歷史主義者印象最為深刻的，是牛頓理論的成就，特別是它在很早之前，便有能力預告行星的位置。他們聲言，此種長程預告（long-term forecasts）的可能性，業已確立，顯示出人類古老的夢想——即預言遙遠的未來，並未超出人類心智所能達致的極限之外。社會科學也必須高懸同等目標。如果天文學可以預測日蝕，那麼為何便不可能預測革命的發生呢？

　　我們固然應把目標放得這樣高，但歷史主義會堅持說，我們不應忘記，社會科學切莫奢望，並且也不得嘗試，妄圖達到天文學預告的精準性。準確而科學的社會事件曆，若要比擬為水手們的航海曆，在邏輯上是不可能的（見本書「五、預測之不準確」、「六、客觀性與價值化」）。社會科學雖可預測革命的發生，但這種預測不會是絲毫不爽的，關於革命發生的詳情及日期，必然有不可確知的界限。

　　歷史主義者固然承認甚至強調，論及細節與精準性，社會學的預測是有缺陷的，但他們同時又認為，此種預測之大開大闔及重要意義，足可彌補這些缺點了。這些缺陷，主要來自社會事件至屬複雜、其交互影響與社會學詞語的重質特性。雖然社會科學由於含混以致受害不少，但在這同時，它的質性詞語，也提供了豐富而廣包的含義。「文化衝突」、「繁榮」、「團結」、「都市化」、「效用」等詞語，都是例子。上述這種預測，即長程預測，雖具含混性，但可由其範圍和意

1　一九四四年時，由於稿紙不夠，因此刪掉了一長段文字，現在插入本節前兩段，以取代它。

義予以平衡，我建議稱之為「大尺度預測」（predictions on a large scale）或「巨幅預告」（large-scale forecasts）。根據歷史主義，社會學所應嘗試的就是這種預測。

有些科學，的確能夠做到這種巨幅預告——即範圍很廣而又有點含混的長程預告。我們在天文學的領域裡，可以找到重要而相當成功的事例，比如根據週期率（對氣象變化至關緊要），或根據大氣層上部每日與季節性的電離變化（對無線電傳播至關緊要），以預測太陽黑子的活動。他們預測的是相當遙遠的事件，就此而言，相同於日蝕預測，但與日蝕預測不同的是，他們往往只是統計性的，而且無論如何，關於詳細情形、發生時間及其他方面，皆不這麼準確。我們知道，巨幅預測的本身並非不切實際；如果社會科學要能達到長程預告，則顯然只能是我們所說的巨幅預告。另一方面，我們說明歷史主義中反自然主義的學說時，已可看出，社會科學中的短程預測，由於有許多不利之處，因此受害不少。因為這些預測限於短期之內，處理的是細節和社會生活中較小的現象，所以缺乏精確性，影響他們甚大。但是一個對細節所做的預測，如果在它的細節上便已不夠精確，那麼這一預測是沒有什麼用處的。職是之故，如果我們有興趣於社會預測，則根據歷史主義，巨幅預告（也就是長程預告），不僅最具吸引力，而且是唯一值得嘗試的預告。

十二　觀察的基礎（The Observational Basis）

一門科學的非實驗性的觀察基礎，就該詞的特定意義言，在性質上總是「歷史的」。甚至天文學觀察基礎，也是這樣。天文學所根據的事實，乃是觀測臺的紀錄中包含的事實；這種紀錄告訴我們，例

如：某年某月某時某分，某某先生於某一方位觀察水星。簡單說，這種紀錄提供我們一個「依時間順序而做的事件紀錄」，或觀察結果的年代記。

同理，社會學的觀察基礎，也只能出之以事件年代記的形式，具體講，即政治上或社會上所發生事件的年代記。政治上或社會生活上其他重要事件的年代記，我們習慣上稱之為「歷史」。就這個狹窄的意義言，歷史是社會學的基礎。

在這個狹窄的意義上，如果否定歷史作為社會科學之經驗基礎的重要性，將是極其可笑的。但歷史主義卻又聲言，政治史和社會史，是社會學的唯一的經驗基礎，這是歷史主義頗為獨特的聲言，跟它之否認實驗方法的適用性，有密切的關聯。因之，歷史主義者眼光中的社會學，乃是一種理論的與經驗的學科，單獨由歷史事實年代記構成它的經驗基礎，而其宗旨則在作成預告，尤其是巨幅預告。明顯的，這些預告也必然是歷史性的，因為他們必須留待未來的歷史從經驗上驗證之，予以證實或否證。因此，就歷史主義者看來，社會學的職責即在作成巨幅的歷史預告，並予以驗證。簡言之，歷史主義者聲言：社會學即是理論的歷史學。

十三　社會動力學（Social Dynamics）

社會科學與天文學間的類比，還可以進一步發揮。歷史主義者所常加考慮的天體力學，即奠基於動力學，這是論述運動如何為諸力所決定的理論。歷史主義的作者們屢屢堅持，依同理，社會學也應該奠基於社會動力學，即論述社會的（或歷史的）各種力量如何決定社會運動的理論。

物理學家知道，靜力學不過是從動力學中抽象出來的概要；古今皆然，它探討的是：在特定的情況下，怎樣及為什麼某事未發生，也就是說，為什麼變化沒有發生，其解釋為：由於相抗諸力間達到了均等狀態。反之，動力學探討的是一般狀況，也就是說，不管諸力均等或不均等，都加以探討，所以動力學也可以說是：探討某些事物怎樣及為什麼發生的理論。因之，只有動力學才能提供我們以真實而普遍有效的力學定律。因為自然是一個進程，它會移動、變化和發展，不過有時候速度緩慢，因此有些發展很難觀察得到。

動力學這個觀點跟歷史主義的社會學觀點，明顯的甚為類似，我們無需深究。但是歷史主義者可能還會聲言，二者的類似更其深入。舉例講，他可能說，就歷史主義者所認識的社會學來說，它很接近於動力學，因為它本質上也是一個因果理論，而一般說來，因果解釋即是此一解釋：怎樣及為什麼特定事物發生。這樣一個解釋，基本上必然總會具有一個歷史的要素。如果你問一位腿傷了的人，這是怎樣及為什麼發生的，你自可預料他會把這段意外的歷史告訴你。但就理論的思想之層次，尤其就允許預測的理論之層次上看，對一事件的各種原因做一個歷史的分析，乃是必要的。歷史主義者會主張，戰爭的源起與基本原因這個問題，即是需要做一歷史的因果分析之典型實例。

在物理學上，我們由確定互動諸力，亦即由動力學而達成此種分析，於是歷史主義者便說：社會學也應該這樣做。它必須分析產生社會變化及締造人類歷史的各種力量。從動力學，我們知道互動之力是怎麼構成新的力；反過來講，我們分析諸力的成分，便能探得事件更根本的原因。同理，歷史主義要求人們承認：歷史的力——不管是精神的或物質的——是有它的根本重要性的，例如宗教或倫理觀念，經濟利益等。就歷史主義者看來，社會科學的任務是在：分析、解開這亂糟糟的相衝突的各種趨勢和力，並追根究柢，探得社會變化的普遍

趨促力和定律。只有在這種方式下，我們才能發展出一門理論的科學，拿它做為巨幅預告的基礎，預告若被證實，便意味著社會理論的成功。

十四　歷史定律（Historical Laws）

我們已經知道，歷史主義者認為：社會學即是理論的歷史學。它的科學的預告，必須以定律為根據，而由於他們是歷史的預告，社會變化的預告，所以他們必須奠基於歷史定律。

但同時歷史主義者卻又認為，通則方法不能適用到社會科學，我們不得把社會生活的一律性，假定其在任何時間與空間，皆一成不變地有效，這是因為他們只適用於某一文化期或歷史期。因之，如果真有社會定律的話，那麼這些定律所具有的結構，跟奠基於一律性而形成的尋常通則，必然略有不同。真正的社會定律，必須「普遍地」有效，但這只能意味說，他們適用於整個人類歷史，涵蓋所有各時期，而非祇適用於某一期。但並沒有超乎某一期外仍能成立的社會一律性。職是之故，則唯一普遍有效的社會定律，必然是連結各接續時期的定律。他們必然是決定某一期轉變為另一期的歷史發展律。歷史主義者說，歷史定律是唯一真正的社會學定律，意義即在於此。

十五　歷史預言相垺於社會工程學
　　　（Historical Prophecy versus Social Engineering）

前面已經指出這些歷史定律（如能發現的話）准許對非常遙遠的

事件加以預測，雖非在細節上全合符節。因之，真正的社會學定律即是歷史定律（此說基本上來自社會一律性之有限度效力），這個學說又使我們回到「巨幅預告」的觀念，這跟想模仿天文學無關，而且使這個觀念更為具體，因為它說明了：這些預告具有歷史預言的特性。[2]

因此就歷史主義者看，社會學變成了想解決預知未來這一古老問題的嘗試，重點不在預知個人的未來，而在預知團體和人類的未來。這是就即將來臨的事物、向我們逼近的發展而來予以探究的一門科學。如果這項嘗試成功了，它賦予我們的政治先見以科學的有效性，特別是對眼光超過目前危機，以及具有歷史使命感的政治家來說，社會學會證明為價值最大。有些歷史主義者，只願預測人類旅程的下面幾個階段，而且說得非常謹慎，這是事實。但他們全都共同具有一個觀念，即社會學的研究，應有助於披露政治的未來情形，以及它如此一來即可成為有遠見而實用的政治之最佳工具。

從科學的實用價值觀點來看，科學的預測，其重要意義至為清楚。然而，並非人人時時都能了解到，科學裡面有兩種可區別的不同預測，因此也便有兩種不同的用途。我們可能預測（a）某一颱風的來臨，這種預測的實用價值可能最大，因為它使人們可以及時採取避難措施；但我們也可以預測（b）如果某一避難所是在抵禦颱風的侵襲，則必須循某一方式加以構築，例如北面宜加鋼筋拱架。

這兩種預測，雖然都很重要，並實現了人類古老的夢想，但二者顯然不同。前一種預測告訴我們某一件事，而這是我們無從阻止其來

2　譯註：作者在本書中用了不少「預告」（forecast）、「預知」（foretell）、「預測」（prediction）、「預言」（prophecy）及其他含義相近的字詞。大體上講，「預測」是經驗性的、科學的；「預言」則是形上的、不合科學的或宗教性的，作者於使用「預言」時，偶而似含有譴責意味。

臨的,我將稱這種預測為「預言」。它的實際價值在於:它把被預測的事件,事先向我們提出警告,以使我們能夠靠邊而避開它,或面臨它時已有所準備(這可能要借助於另一種預測)。

與這相反的是第二種預測,因此種預測構成了工程學的基礎,我們可以稱之為技術性的預測。它們也可說是建設性的,如果我們想達到某些結果,則此種預測告訴我們各種可行的步驟。物理學內絕大部分(若除掉天文學與氣象學不計算,則幾乎是物理學的全部),所做的預測就是這一型的預測,從實用的觀點來考慮,他們可以叫作技術性的預測。有的科學純粹是出於耐心的觀察,有些則需由人設計加以實驗,設計實驗在科學上的重要性有強弱之分,上述兩種預測間之區別,大致視此種強弱之分而定。典型的實驗性的科學,能夠做出技術性的預測,而基本上使用非實驗性觀察法的科學,則產生的是預言。

我希望別人不要誤會,認為一切科學,或甚至一切科學的預測,基本上都是實用的,必然是預言性的或是技術性的,此外別無所有。我只想提醒大家注意到,這兩種預測是有區別的,並注意到相應於這兩種預測的科學。我選擇「預言性的」和「技術性的」這兩個詞語,的確是想暗示從實用觀點看,他們所呈現的某一特徵;但我所以這樣使用,絕非意味說實用觀點優於其他觀點,也不是意味說科學興趣僅限於實用上重要的預言性與技術性的預測。舉例講,如果我們研究天文學,那麼我們必須承認,天文學上的各種發現,主要是出於理論上的興趣,雖然從實用的觀點講,他們並非毫無價值;但他們都是「預言」,非常接近於氣象學的預言,而這些在人們的實際活動上,顯然很有價值。

值得注意的是:科學中的預言性與工程性,二者間的差異,並不相應於短程與長程預測間的差異。雖然大多數工程性的預測都是短程的,但是也有長程的技術性預測,例如對一架機器的壽命所做的預

測。再者，天文學的預言，可以是短程的，也可以是長程的，相形之下，氣象學的預言，大多數是短程的。

　　後頭我們會看到，預言與工程這兩個實用目的間的差異，以及相應於此的有關科學理論間的差異，將是我們方法論分析的要點之一。目前我只想強調，歷史主義者為歷史的預言──指對社會、政治和體制發展所做之預言──而辯護，認為這是社會科學的實用目標，反對把社會工程學當做社會科學的目標，這點跟他們之相信社會學的實驗不僅無用，並且不可能，相當的一貫。對某些歷史主義者來說；社會工程學這個觀念，計劃及建構種種體制，或許含有阻止、控制或加速社會發展的目標，這是有其可能的。對其他的歷史主義者而言，這幾乎是一項不可能的企圖，或認為這項企圖未免忽視此一事實，即政治計劃與所有的社會活動一樣，必然要受到歷史諸力的強勁操控。

十六　歷史發展說 (The Theory of Historical Development)

　　這些考慮，已把我們帶到我建議稱之為「歷史主義」的那一套論證之核心了，而且證明我之選用此一名稱是理有固然的。社會科學無非即是歷史學，這就是論題。然而所指的並不是傳統意義下的歷史學──即僅只是歷史事實的年代記。歷史主義者心目中，與社會學合而為一的那種歷史學，不僅要回顧過去，而且要瞻望未來。它所研究的是推動社會發展的各種力量，最重要的則是社會發展的定律。準是而論，我們可以稱之為歷史的理論，或理論的歷史學，因為歷史定律已被指認為唯一普遍有效的社會定律。他們必然是涉及過程、變化與發展的定律，而不是涉及表面的恆常性或一律性的假擬定律。依歷史主義者的看法，社會學家必須對大趨勢取得一個一般觀念，社會結構

便是隨著大趨勢而變化的。但除此而外，他們必須了解促成這一過程的原因，即導致變化的各種力量是如何運作的。社會發展是以一般趨勢為基礎的，對這一般趨勢，社會學家應該提出各種假說，以使人們能從這些定律中推演出預言，然後自行調整來適應即將迫近的變化。

如果接上我所提出的兩種預測間的區別，和與此有關的兩類科學間的區別，那麼歷史主義者所持的社會學理念，便會更加清楚明白了。為了反對歷史主義者的方法論，我們提出另一個方法論，以達成技術性的社會科學為宗旨。這樣一種方法論，導使我們去研究社會生活中的一般定律，目標在找出所有的這類事實——即任何有志於改革社會體制者，必須以之作為基礎的事實。這種事實實際上是存在的，這點無可懷疑。我們知道，許多烏托邦系統之所以行不通，就只因為沒有充分考慮到這些事實。我們現在思考的技術性方法學，旨在提供手段來避免此種不切實際的建構。它必定是反歷史主義的，但絕非反歷史的。歷史經驗將成為它最重要的資料來源。它不妄想去找出社會發展的定律，它所要找尋的是：我們在構成社會體制時限制我們的種種不同的定律，或是找尋其他的一律性（雖然歷史主義者說，這些一律性並不存在）。

除了採用剛才討論過的反論證外，歷史主義也可以用另一種方式，對此種社會技術學的可能性與效用，提出質疑。且讓我們假定，他可能說：有位社會工程師，在你所構想的這種社會學之支持下，擬出了一套新社會結構的計劃。我們假定這項計劃不僅可行而且合乎實際，意即不與我們已知的社會生活的事實及定律相衝突；我們甚至還可以假設，另一項同樣可行的把現行社會轉變為新結構的更進一步計劃，也支持它。即使這樣，歷史主義的論證仍可顯示，這樣一項計劃不值得我們去做嚴謹的探討，就因為它沒有顧及歷史發展的定律，所以它仍然是不切實際的烏托邦式的夢想。社會革命並不是理性的計

劃所引起的；而是社會力——例如利益的衝突——引起的。自古以來即相傳，一位很有權力的哲學家皇帝，會把某些仔細推敲過的計劃化為實際，這個觀念是地主貴族為了本身利益而發明的神話。民主派也有同樣的對等神話，他們說藉著理性的論證，我們可以說服許多有心人去採取計劃好的行動，這項迷信即為一例。歷史顯示，社會的實在情形，與此大為不同。不管理論的構想何其完美，歷史發展的進程卻絕對不是由構想而形成的，雖然我們可以承認，這樣一種構圖，可能與許多其他較少理性意味的（甚至是反理性的）因素相結合，而發揮了某種影響。即便這項理性的計劃，符合當權團體的利益，它也絕不可能如其所想的實現，雖則為了求其實現而做的奮鬥，必當成為歷史進程中的一大因素。真正的後果，總是跟理性的構想大為不同。它總是相抗諸力在瞬間的配置情況底合成結果。更次，在任何情況下，理性計劃的結果，都不可能變成一個穩定的結構，因為諸力的平衡是註定要變化的。不管它怎樣以其現實主義和科學性而自傲，社會工程學依然註定是一個烏托邦的夢想。

歷史主義者繼續說到，迄今為止，我們的論證所攻擊者，仍然是社會工程學在實際上的可能性，尚未攻擊到背後支持它的某個理論的社會科學本身這一觀念。不過，若要引申去證明任何技術性的理論的社會科學之不可能性，尚稱容易。我們已經知道，按照重要的社會學的事實與定律，實際的社會工程學的冒險，必然註定失敗。但這不僅是說，此種冒險不具備任何實用價值；而且也意味著，它在理論上是不健全的，因為它忽略了唯一真正重要的社會定律——即發展律。它所謂據以建立的「科學」，必然也忽略了這些定律，否則它就不會充當此種不切實際的構想之基礎。任何社會科學若不教導理性的社會建構並無可能，它便是對社會生活中最重要的事實，完全盲目無知，因而也必定忽略了唯一具有真正效準性和重要性的社會定律。因之，企

求為社會工程學提供一個基礎的社會科學，便不成其為社會事實的真實描述。他們自身就是不可能的。

歷史主義者將會聲稱，除了這項致命的批判外，我們之所以攻擊技術性的社會學，還有其他理由。他們漠視社會發展的現象，如新異性之出現，即為一例。認為我們可在科學的基礎上，理性地建構新的社會結構，這個觀念即意含著，我們可依所計劃的方式，多少準確地引出一個新社會期的存在。然而，如果該計劃是根據某一涵蓋社會事實的科學，則我們不能視之為內在地新的現象，只可視之為安排上的新（見本書「三、新異性」）。但是我們知道，一個新時期將具有它本身內在的新異性——這個論證，必然使任何詳細計劃失效，使任何奠基於它的科學失真。

歷史主義者的這些思量，可適用到所有的社會科學，包括經濟學。因之，經濟學不能提供我們有關社會改革的有價值的資料。只有假經濟學，才妄想為理性的經濟計劃提供一個基礎。真正科學的經濟學，僅能幫助我們去揭露：不同歷史期中經濟發展的驅促力。它可能有助於我們預見未來時期的梗概，但它不能幫助我們去發展出為某一新時期而提出的詳細計劃，也不能使其付諸實現。凡可在其他社會科學上成立者，必可在經濟學上成立。它的終極目標只能是「裸呈人類社會的經濟運動定律」（馬克思）。

十七　詮釋的相埒於計劃的社會變化
（Interpreting versus Planning Social Change）

歷史主義者對社會發展所持的觀點，並不意含宿命論，也不致使人消極而不想作為——恰恰相反。大多數歷史主義者分明具有「主動

論」的傾向（見本書「一、通則」）。歷史主義充分承認，我們的希望和思想，我們的夢想和推理，我們的恐懼和知識，我們的興趣和熱誠，都是促進社會發展的力量。它並不是教導我們，我們不能有所作為；它只是預測你的夢想和你的理性所構想的事物，絕不可能按照計劃而實現。只有與歷史主流相合的計劃，才能有效果。現在我們可精確地看出，歷史主義者認為合理的是那一種活動，唯有配合於及有助於正進行中的變化的活動，才是合乎理性的活動。我們所能做的唯一全然合理的活動，乃是社會助產術（social midwifery），這也是唯一可奠基於科學預見的活動。

雖然這樣一種科學的理論，不能直接鼓勵人們去行動（它只能使人打消某些不切實際的行動），但是它隱含的意義，對那些覺得應該有所作為的人來說，卻給予鼓勵。歷史主義確實提供了這種鼓勵。它甚至賦予人類理性一個角色，因為只有科學的推理——即歷史主義的社會科學，才能告訴我們理性活動所應採取的方向，如果它要配合正進行中的變化之方向的話。

因之，歷史的預言和歷史的解釋，便成為任何深思熟慮而切合實際的社會行動之基礎。準是而論，歷史解釋必然是歷史主義思想的核心工作，而實際上也已然如此。歷史主義者的一切思想及活動，皆以解釋過去為目標，為的是預測未來。

對那些想見到一個更佳世界的人而言，歷史主義能否提供希望和鼓勵給他們？唯有對社會發展採取一個樂觀的觀點，相信它是內在地「好的」或「理性的」，意即社會發展內在地朝向一個較佳的、較合理的情態，這種歷史主義者才能提供此種希望。但這種觀點必當總合成一種信仰，相信社會與政治的奇蹟，因為它拒絕給予人類理性一份能力，以引出一個更理性的世界。其實，好幾位影響力很大的歷史主義作者，便曾經樂觀地預告一個自由境界的到臨，其間人類事務皆可理

性地予以計劃。而他們又教導我們說，若要從人類目前所受苦的必然
領域，移轉到自由與理性的領域，則理性是無能為力的，只有奇蹟似
地藉著粗鄙無情的必然性，藉著盲目而無情的歷史發展定律，方能做
到，他們勸我們最好服從這些定律。

凡意圖使理性在社會生活中發揮更多影響力的人，歷史主義只奉
勸他們去研究和解釋歷史，以便發現社會發展的定律。如果這種解釋
透露出，他們這種意圖所得的答案，乃是正告來臨的變化，那麼其企
圖便是合理的，因為它合乎科學的預測。如果正告來臨的發展，走的
是另一個方向，那麼想使世界更為合理的希望，便成為完全不合理的
了；而就歷史主義者看，這就是一個烏托邦的夢想。主動論唯有在默
認正待來臨的變化並予以協助時，才能言之成理。

我已經說明過，歷史主義者眼中的自然主義方法，隱含有一個明
確的社會學理論，認為社會不會有什麼重大的發展或變化。現在我們
發現，歷史主義的方法，也隱含有一個奇怪的類似的社會學理論，認
為社會必然變化，但卻沿著先已決定而不能改變的路線，經過那些已
由無情的必然性所決定的諸階段而變化。

「即使當一個社會發現了決定它的自身運動的自然律之後，它就
不能跳開它進化的自然階段，亦不能用筆端把他們從這個世界乖巧地
脫身。但縮短及減少臨盆的苦痛，卻是它可以做到的。」這個公式出
自馬克思，[3]卓越地代表了歷史主義的立場。雖然它沒有教導無為論和
真正的宿命論，但歷史主義卻教導：任何企圖更改正待來臨的變化，
都是無效的；這是宿命論的奇特變種，一個有關歷史趨勢的宿命論。
大家公認，主動論者的忠告：「哲學家只是以種種不同的方式解釋世

3　馬克思：《資本論》（*Capital*）序言。

界，然而重點是在改變世界」，[4]歷史主義者也許會大表同情（此處「世界」意指正在發展的人類社會），因為它也強調變化。但它卻與歷史主義中最重要的學說相牴觸。因為我們現在可以看出，我們也可以這麼說：「歷史主義者只是以種種不同的方式解釋社會發展，然而他的要點是：沒有人能改變它。」

十八　本分析之結論（Conclusion of the Analysis）

我曾經聲明過，我的本意是：在還沒有對歷史主義進行批判之前，我要儘可能的用最醒目而令人心服的方式來概述其立場。讀者們可能覺得，我在最後所做的簡述，豈非脫離了我的本意。因為上面的簡述，乃是試圖說明：有些歷史主義者之具有樂觀論或主動論的傾向，從歷史主義自身的分析結果看，即可不攻自破。有人或許會以為，這不啻是控訴歷史主義是不一致的。在解說時羼入批判和揶揄，也許有人會反對，認為這樣未免太不公道。

然而，我不認為這一責備是公道的。只有先是樂觀論者或主動論者，後來又變成歷史主義者的人，才會把我的評斷看作是惡意的批評。（因為具有樂觀論或主動論的傾向，而被歷史主義吸引過去的人，大多數會覺得我的批評是惡意的。）但對正牌的歷史主義者來說，我的評斷並非在於批評他們的歷史主義學說，而只是對有意把它與樂觀論或主動論結合起來的企圖，施予批評。

的確，並不是所有各種形式的主動論，皆可批評為與歷史主義相

4　這條忠告出自馬克思：《費爾巴哈論》（*Theses on Feuerbach*），可參見本書「一、通則」節末。

矛盾，只有幾個太過分的主動論方才如此。一個純正的歷史主義者必將辯道，如與自然主義的方法相比，歷史主義因為強調變化、過程、運動，確實鼓勵人們行動；但從科學的觀點講，它確然不能盲目地把所有各種行動均默認為是合理的；許多可能的行動是不切實際的，由科學即可預見其失敗。他一定會說，他跟其他的歷史主義者，對於他們承認為有用的行動，在範圍上加了許多限制，理由即在於此；同時也可以說明，任何就歷史主義提出的清楚分析，何以必須強調這些限制。他可能加以辯駁，認為我們在前一節引自馬克思的兩段話，並非彼此矛盾，而是相輔相成的；雖然單拿第二段話（也是較早寫成的）獨自看，可能有點太偏於「主動論」，但第一段話卻加上了適當的限制；如果第二段話訴求的是過激的主動派人士，並影響他們去擁抱歷史主義，那麼第一段話當已教訓他們任何行動皆有其適當限制，即使這樣一來會疏離了他們的同情。

　　基於這些理由，依我看，我的解說並非不公道，它只是澄清了主動論的基礎。同理，我不以為我在前節所做的其他評斷，大意即歷史主義的樂觀論必然只奠基於信仰（因為理性引出更合理世界的角色被否定了），會被認為是對歷史主義的惡意批判。就主要是樂觀論者或理性主義者的人看來，它可能是惡意的。但在立場一貫的歷史主義者看來，這項分析，不過是為了反對常見的悲觀論與樂觀論所共具的浪漫特性與烏托邦特性——理性主義亦然如此，而提出的有用的警告。他將堅持，一個真正科學的歷史主義，必然跟這些成分無關；我們該做的，只是聽從既存的發展定律，正如我們必須聽從引力定律一樣。

　　歷史主義者可能還要更進一步，他可能會說，我們所應採取最合理的態度是：調整你的價值系統，使它符合正待面臨的變化。如果做到這點，你便抵達一種言之成理的樂觀論，因為這時候，如果從該價值系統判斷，則任何變化都是趨向於好的變化。

　　有些歷史主義者的確抱持這種觀念，而且發展成相當一致的（而且很流行）歷史主義的道德理論：凡道德地好的，即是道德地進步的，也就是說，道德地好的乃是走在時代之前，而符合於即將來臨的時期中會被人採行的行為標準。

　　歷史主義的道德理論，我們可稱之為「道德的現代主義」或「道德的未來主義」，很合乎歷史主義中反保守的態度，（美學中有與之相對的現代主義與未來主義）；我們也可以把它看作是對某些價值問題的回答（參見本書「六、客觀性與價值化」）。總之，這點可以當作一項指標：歷史主義有可能予以擴大和發展，成為包羅萬象的哲學系統；而本書只是就歷史主義作為一個方法學說，對它做嚴謹的探討而已。或換一個方式講，歷史主義的方法，或許原本僅是某一哲學世界觀的一部分罷了，這並不是不可能的。因為，從歷史的而非邏輯的觀點言，方法論通常是哲學觀點的附產品，這是無庸置疑的。我想在其他著述中，對歷史主義的哲學加以檢討。[5]此地我將只批判上面所呈現的歷史主義的方法學說。

5　　後來我出版了《開放社會及其敵人》（*Open Society and Its Enemies*）一書。（一九四五年倫敦初版；一九五〇年普林斯頓修正版；一九五〇、一九五二年倫敦版；一九六一年倫敦四版）此地特別指的是第廿二章：「歷史主義的道德理論」。

第三章
反自然主義的學說之批判

十九　本批判的實際宗旨
（Practical Aims of This Criticism）

　　科學探討的真正動機，究竟是否為一種想知道的欲望，也就是
說，是否出於一種理論的或「無所為而為的」好奇心；或者說，我們
為生活而奮鬥所產生的種種問題，我們應否視科學為解決這些實際問
題的一項工具；這個問題，此地不必下一定論。有一種狹隘的觀點認
為，科學研究只當它被證明為是合理的投資時，始能言之成理，很不
幸的，這也是很流行的觀點；我們承認為「純粹」或「基本」研究而
辯護的人，他們之攻擊此一狹隘觀點，值得我們全力支持。[1]此外還有
一種略趨極端的觀點（我個人頗有同感）認為，科學是人類最偉大的
精神冒險之一，這才是它最重要的地方，這個觀點也許可以和另一個
看法相結合，另一個看法承認：實際問題與實際的考驗，對科學的進
步，至為重要，不管是純科學或應用科學，皆然。因為實踐對科學思
考具有無比的價值，它既是科學思考的激素，又可羈勒它。康德

1　這本是一個古老的問題，甚至柏拉圖有時也攻擊「純」研究。為純研究辯護的著
　作，可參考赫胥黎（T. H. Huxley）的《科學與文化》（*Science and Culture*, 1882）
　頁十九，和波蘭尼（M. Polanyi）在《經濟學刊》（*Economica*, N.S.）的論文，刊
　於一九四一年第八卷頁四二八以下。此外亦可參閱魏伯侖（Veblen）的《科學在
　現代文明中的地位》（*The Place of Science in Modern Civilization*）頁七以下。

（Kant）說：「讓每一奇思妙想任性而行，對我們從事探討的熱情，除限於能力者外，不加任何拘束，這點顯示，心靈的熱誠，與學術精神並無不合，但是如何從無數的問題當中，挑選幾個出來，而這些個問題的解決，對人類生活至關緊要，這才是智慧之所在。」[2]我們無需抱持實用主義，即可贊可此種看法。

關於這點，在生物科學尤其是在社會科學上，其應用更是明白可見。巴士德之改革生物科學，即是受到工業與農業上的實際問題之刺激而從事的。到了今天，社會研究的實用迫切性，甚至超過了癌症研究。正如海耶克教授所言：「經濟分析向來不是超然的求知好奇心的產品——此種好奇心想要知道社會現象何以如此；而是企圖改造世界的強烈衝動的產品，因為這個世界深深令人不滿。」[3]除經濟學外，有好幾門社會科學至今尚未採納這項見解，結果使得學術荒蕪不堪，正好說明了他們在思考上迫切需要實際問題來考驗。

當我們考慮科學研究的方法，此處我們所關心的特別是通則化的方法或理論的社會科學，就會發現，他們也同樣地需要實際問題的刺激。方法上的爭論要取得較多成果，總是由研究工作者面臨的實際問題所激起的；而凡不是出於這種原因的方法爭論，幾乎都具有靈巧卻不實用的特色，使得實際的研究工作者，對方法論殊無好評。我們應該了解，方法論上比較實務性的爭論，不祇很有用處，而且是必需有的。如同科學本身一樣，在方法的發展與改進上，我們從嘗試與錯誤中學習，為了要找出我們的錯誤，我們需要別人的批評，由於新方法的引入，可能意味著基本而革命性的一個變化，這種批評更是重要。

2　康德：《鬼巫的夢幻》（*Dreams of A Ghost Seer*）第二篇第三章。見E. Cassirer所編：《康德全集》第二卷頁三八五。

3　見《經濟學刊》（*Economica*）一九三三年第十三卷頁一二二。

經濟學之引入數學方法，價值理論之引用所謂「主觀的」或「心理的」方法，這些例子可資說明。價值理論的方法與統計方法（「需求分析」）結合，則是比較晚近的例子，這個方法上的晚近革命，部分是長久以還批評性爭論的結果，這件事實，使得為研究方法而辯解的人，得到了鼓勵。

有許多歷史主義的追隨者，他們希望能夠利用歷史主義的方法，把社會科學改造為政治家手中的有力工具，所以他們宣揚在研究社會科學及其方法時，宜採實用的途徑。承認了社會科學的實際職責後，歷史主義者和他們的反對者之間，便有而共同的討論基礎；在這個共同基礎上，我準備採取一個立場，以批判歷史主義，說明它是一個貧乏的方法，不能產生它所應允的結果。

二十　研究社會學的技術學途徑
（**The Technological Approach to Sociology**）

本書的主題是歷史主義——這是我不同意的一個方法學說，而不是在探討我認為成功的那些方法，對這些方法，我建議應當予以更進一步且更自覺的發展。但是先對成功的方法做一簡短的處理，向讀者透露我自己的偏見，並澄清我的批評所根據的觀點，還是有用的。為了方便起見，我將稱這些方法為「點滴漸進的技術學」（piecemeal technology）。

「社會技術學」（social technology）一詞，很容易令人起疑，那些想到集權主義設計家的「社會藍圖」，或想到「技術政治人物」（technocrats）的人，一聽到這個詞語，可能會掉頭而去。（「社會工程

學」〔social engineering〕一詞，[4]更是如此，下一節將介紹它。）我了解這個危險，所以我加上了「點滴漸進的」一語，一可打消不必要的聯想，兼可表示我的信念。我認為「點滴的修補」（〔piecemeal tinkering〕，人們有時這樣稱呼），結合批判性的分析，乃是社會與自然科學達成實際結果的主要方法。透過對社會改革的建議加以批評，或更精確地講，某一經濟或政治行動可否產生預期的、所要的結果，企圖找出其答案，社會科學大體上即是這樣發展而成的。[5]這個途徑可以說是一個古典的途徑，正是我心目中社會科學或「點滴漸進的社會技術學」的研究途徑。

在社會科學領域內的技術問題，可能是「私人」性的，也可能是「公共」性的。舉例講，探究商業管理的技巧、改良後的工作環境對生產的影響，屬於第一類。探究監獄的改革、全民健康保險、用司法方式穩定價格、加徵新進口稅等對收入均等化的影響，屬於第二類。目前最迫切的實際問題，諸如控制商業循環的可能性；中央統一的「計劃」意即國家經管生產，與有效的民主的行政控制，是否相抵觸；再如怎樣把民主政治出口到中東各國；這些問題屬於第二類。

強調實用的技術學途徑，意思並不是說，在分析實際問題時可能產生的理論問題，應予以排斥。相反的，技術學的途徑，很可能證明會產生重要的純理論性的問題，這是我的主要論點之一。但是技術學的途徑除了主要能幫助我們挑選問題外，它也對我們的思索傾向做了約束（此種思索傾向，很可能帶領我們進入形上學領域，尤其是社會

4　本書「廿一、點滴漸進的工程學相埒於烏托邦的工程學」的附註中將為該詞辯護。

5　參考海耶克的《經濟學刊》（*Economica*）第十三卷（1933）頁一二三所說：「……經濟學的發展主要是對連續不斷提出的烏托邦建議予以探究和駁斥而得的結果。……」

學這方面的思索），因為它強迫我們把我們的理論置諸確定的標準之下，如明白清楚與實際可驗證的標準。我說：社會學（或甚至是一般的社會科學）所應尋求的，不是「它的牛頓或達爾文」，[6]而是找尋它的伽利略或巴斯德，這樣或許可以說明我對技術學途徑的看法。

　　以上所言，以及我先前提到有關社會科學與自然科學方法兩者間的一項類比，很可能引起許多反對論調，正如我們之選擇「社會技術學」和「社會工程學」等詞語一樣（雖則我們用「點滴漸進的」一語加以限制）。所以我最好還是聲明：有人反對獨斷的方法論的自然主義或「唯科學是尚論」（scientism，用海耶克教授的詞語），我充分領會此一反對的重要性。然而我卻看不出，只要這一類比能發生良好結果，我們為何不該去運用它呢？雖然我們承認有一部分人嚴重誤用且誤傳了它。要反對這些獨斷的自然主義者，最有力的論證莫過於顯示：他們所攻擊的一些方法，基本上跟自然科學裡使用的方法相同。

　　反對我們所謂技術學途徑的主要論調，乃是說這一途徑意含有對社會秩序採取了「主動的」態度（見本書「一、通則」），因之，可能使我們對反干涉的或「消極被動的」觀點產生偏見，這個觀點認為：如果我們不滿意現存的社會或經濟狀況，這是因為我們不了解這些狀況是如何運作的，而且不了解何以主動干涉唯有使事情更糟。現在我必須承認：我的確不同情此一「消極被動的」（passivist）觀點，而且我甚至相信，全面的反干涉論政策是行不通的，即使從純邏輯的觀點看也是如此，因為支持該政策的人，勢須援引政治干涉以達成防止干涉的目標。然而，技術學途徑在這件事上是中立不倚的（的確它也應

6　見金斯堡（M. Ginsberg）在 *Human Affairs*（ed. by R. B. Cattell and others）頁一八〇。然而我們必須承認，數理經濟學的成功，說明了至少有一門社會科學，業已經過了它的牛頓革命。

該如此），它和反干涉論一點也不牴觸。相反的，我認為反干涉論含帶了一個技術學的途徑，因為主張干涉徒然使事情更糟，實即是說某些政治行動不可能具有某些效果，也就是說，不會達到所想望的效果；而指出什麼是不能達成的，正是任何技術學最獨到的職責之一。

關於這點，值得我們更貼近地予以省察。我在別處[7]曾經說明，每個自然定律皆可依下列方式來表達，即聲稱如是如是的一件事不能發生（such and such a thing cannot happen），正如諺語：「你不能用篩來盛水」之類的句法一樣。舉例講，能量不滅律，可以說成這樣：「你不能建造一具永遠轉動的機器」；熵律則可以說成：「你不能建造一架效率百分之百的機器」。這種用公式表示自然定律的方法，使得自然定律在技術學上的意義更為明顯，因此可稱之為自然定律的「技術學形式」。現在如果我們依這方式來考察反干涉論，那麼我們馬上可以看出，反干涉論可出之以下述句式：「你不能達成如是如是的結果」或「若無如是如是的附隨效果，則你不能達成如是如是的目標」。但這卻說明了，反干涉論可以稱作是一個典型的技術學學說。

當然，這不是社會科學領域內的唯一情形。相反的，我們的分析注意到自然與社會科學間真正根本的相似之處，我們的分析之所以意義重大，即在於這項事實。我心目中所想到的是，相似於自然科學定律或假設的社會科學定律或假設。由於人們常常懷疑此種社會學定律或假設（不同於所謂的「歷史定律」）之是否存在，[8]所以我現在舉出幾個例子：如「你不可能加徵農業稅而同時降低生活費用」、「在一個

7　參關拙著：《科學發現的邏輯》（*Logic of Scientific Discovery*, 1959）第十五節（被否定的存在命題）。這一理論可與穆勒（J. S. Mill）的說法相對比，請參閱他所著：《邏輯》（*Logic*）第五篇第五章第二節。

8　例如柯恩（M. R. Cohen）的《理論與自然》（*Reason and Nature*）一書頁三五六以下。此書所舉的例子，似乎是在反駁反自然主義的觀點。

工業社會裡，你在組織消費者壓力團體時，不可能跟在組織生產者壓力團體時同樣有效」、「在一個中央計劃的社會，你不可能保存能履行價格競爭基本功能的價格系統」、「你不可能達到充分就業而無通貨膨脹」。我們還可從權力政治領域中取出另一組例子，如「你不可能引進一個政治改革，而不致引起一些反作用，從改革所要達成的目標之觀點講，這些反作用是我們所不要的」（因之，小心他們）、「你不可能引入一項政治改革，而不致加強反對的力量，其程度大體上與改革範圍成比例」（這條也可說是「總有和現狀發生聯帶關係的種種利益」之技術學必然結果）、「你不可能造成一次革命而不引起一項反動」。除了這些例子外，我們尚可加上兩個例子，或可分別稱為「柏拉圖的革命律」（出自柏拉圖《理想國》第八篇）和「阿克頓爵士〔Lord Acton〕的腐化律」：前者是「如果統治階級未因內部分裂或戰敗而告衰弱，則你不可能造成一次成功的革命」；後者是「你不可能賦予一人以超乎他人的權力，而不致誘惑他去誤用它——誘惑大致隨權力的擴大而增加，並且極少人能抗拒這項誘惑。」[9]這些假設要成為公式，

9　弗烈德里希（C. J. Friedrich）的《憲政政府與政治》（*Constitutional Government and Politics*, 1937）一書中，曾討論「腐化律」，其公式與本書類似，他這本著作非常有趣，而且部分地含有技術學的意味。他提到這條定律的時候說：「所有的自然科學，都不能誇稱有單獨一條假說，對人類具有與它同等的重要性。」（該書頁七）我不懷疑它的重要性，但是我以為，在自然科學裡，可以找到無數跟它同樣重要的定律，只要我們向比較平常而非較為抽象的定律中去找。（如人無食物不能生存、脊椎動物有兩性等定律。）弗烈德里希教授堅持反自然主義的論點，認為「社會科學不會由於應用自然科學的方法而受益」（前引書頁四）。另一方面，他卻企圖把他的政治理論奠基於幾個假設之上，下面幾句話（引自前書頁十四以下）或可表明他的觀念：如「同意與限制皆各自是活生生的力，不斷產生權力」，二者相合則決定了「某一政治情勢的強度」；由於「絕對同意或絕對限制或二者相合決定了這種強度，所以這兩個力構成的平行四邊形對角線，也許

確實還有甚多改善空間，我們可獲得的有利於這些假設的證據，其證實力如何，此處我們全無設定。這些例子，不過是點滴漸進的技術學可能去討論、去充實的那類陳述罷了。

「唯科學是尚論的」觀點認為，我們可根據「力之平行四邊形」來理解政治理論的問題，關於此種觀點的歷史背景，參看拙著：《開放社會及其敵人（修正版）》（*Open Society and Its Enemies [revised edition]*）第七章附註二。

廿一　點滴漸進的工程學相垺於烏托邦的工程學（**Piecemeal vesus Utopian Engineering**）

「工程學」一詞，容易引起許多令人反對的聯想，[10]雖然這樣，我

恰好表達了這個強度。在這種情形下，則其數值等於同意與限制的數值平方和的平方根。」這種想把畢達哥拉斯式公理（Pythagorean theorem）應用到「力」之「平行四邊形」（他沒有告訴我們它何以該是方形的）的企圖，這些「力」太模糊而無法計量之，在我看來，並不是反自然主義的例子，恰好是自然主義的或「唯科學是尚論」的例子，我承認「社會科學不能從他們之中受益。」也許有人注意到，這些假設幾乎不能用技術學的形式來表達，而弗烈德里希教授強調的「腐化律」卻能這樣來表達。

10　海耶克教授反對使用「社會工程學」一詞（就「點滴漸近的」意義言），他認為典型的工程事務，須將一切有關的知識集中到一個人的頭腦裡，但一切典型的真正的社會問題，卻不能這樣集中地使用知識。（參看海耶克：《集權主義者的經濟計劃》〔*Collectivist Economic Planning*〕, 1935, p.210。）我承認這項事實具有根本重要性。我們可用技術學的假設予以公式化：「你不能把一切有關的知識集中到一個計劃權威機構內，如與怎樣滿足個人需求、怎樣利用專門的技巧與能力等任務有關的一切知識。」（主動性之不可能予以集中化，我們也可以提出類似的公式。）我們之所以使用「社會工程學」一詞，現在其辯護理由或許是指出：

仍將使用「點滴漸進的社會工程學」，來說明點滴技術學之成果在實際上的應用。因為我們需要一個詞語，以涵蓋公與私的各種社會活動，這些活動為實現某一宗旨或目的，有意識地利用了一切可得的技術學知識，所以這個詞語還是有用的。[11]關於在技術學領域外的目的，點滴的工程學，與物理的工程學相同。（技術學關於目的所能說的是：這些目的彼此是否相容而無牴觸，或能否實現。）在這點上，它與歷史主義不同，歷史主義認為，人類活動的目的靠在歷史諸力上，所以仍然位於歷史諸力的範域內。

物理工程學的主要職責，是在設計機器、重新仿造、加以役使。同理，點滴的社會工程學的職責，是在設計社會體制、重新建構及經管已存在的社會體制。此處所用「社會體制」一詞，含義甚廣，包括各種公私性質的機關。因之，我將用它來說明某一商業機關，不管是小商店或是大保險公司。同理，也用它來說明一間學校或一個「教育系統」，或是警察機關、教會、法院。點滴的技術學家或工程師承認，只有少數的社會體制是人們有意識地設計而成的，絕大多數都是「長成」的，是人類行動未經設計的結果。[12]但不論他對這項事實印象

工程師必須使用包含在這些假設內的技術學知識，這些假設告訴他：他自己的主動和他自己的知識之限制何在。並請參看本書「廿四、有機全體論的社會實驗理論」的附註。

11　包括有關知識之限制的知識，如能得到這項知識的話。詳見前註之解釋。

12　社會體制或者是「設計」的，或者是「長成」的，這兩個觀點，相應於社會契約論及其批評者──例如休謨（David Hume）。但休謨並未放棄社會體制之「功能的」或「工具的」觀點，因為他說人不能沒有他們而活。這個立場，可加以詳細闡發，變成對未經設計的體制之工具性抱一達爾文式的解釋：（試以語言為例）如果他們不具備有用的功能，他們便沒有生存下去的機會。根據這個觀點，未經設計的社會體制，也許會以理性行動之非有意的結果而出現：正如人們無意開闢一條道路，但由於人們發現利用一條原已存在的走道甚為方便，這條路便形成了

有多深刻，作為一名技術學家或工程師，他將從「功能的」（functional）
或「工具的」（instrumental）的觀點來看待他們。[13]他把他們看作是達
成特定目的的手段，或可轉變來為特定目的而服務；把他們看成機
器，而不是有機體。當然，這並不意味說，他忽視了體制與物理工具
間的差異。相反的，技術學家應研究二者的同與異，並以假說的形式
把研究結果表達出來。用技術學的形式，把關於體制的假說予以公式
化，並不很困難，下面的例子即可說明，如「你不可能建構一個防愚
的（foolproof）[14]的體制，也就是說，大體上不必依靠人便能發揮功能
的體制：體制頂多能減少個人因素的不確定性，亦即協助為體制原本
設計所要達成的目標而工作的人，其成功大多要靠工作人員的主動與
知識。（體制有如碉堡，必須好好設計並配上適當的人員。）」[15]

　　這是點滴的工程師獨有的途徑。雖然他也許很珍惜某些顧全社會
「整體」的理想，例如全民的福利，但他絕不相信重新設計社會整體

（笛卡兒〔Descartes〕的觀察）。然而，我們幾乎不必強調，技術學的途徑，與
　　一切「起源」問題近乎無關。

13　關於「功能的」研究途徑，舉例言，可參考馬林諾斯基（B. Malinowski）的〈人
　　類學作為社會科學的基礎〉，刊於《人間事務》一書內，尤其是頁二〇六以下和
　　頁二三九以下。

14　譯註：foolproof之譯為「防愚」，自係仿照手錶「防水」、「防震」的譯法，意即
　　不受人的愚昧之影響。

15　這個例子，說明體制性「機器」效率，仍是受到限制的。體制要發揮功能，仍得
　　靠適當的人員去操作它，這或可拿來與熱力學的原理──如能量不滅定律──
　　相比較（即排除了永遠轉動不停之機器的可能性）。如此一來，它也可以跟其他
　　「唯科學是尚論的」企圖相較，這些企圖想杜撰某些社會學的概念，例如權力，
　　把它比擬為物理學上的能（energy）這個觀念，羅素（Bertrand Russell）的《權力》
　　（*Power*, 1938）一書頁十以下，即是此種唯科學是尚論的企圖。羅素的主要論點
　　認為，不同的「權力形式」，如財富、宣傳權力、赤裸權力，有時候可以彼此
　　「互換」，我不以為這可用技術學的形式來表達它。

的方法。不管他的目標是什麼，他總是想藉由小調整與再調整來達成它，這些調整是可以不斷地改進的。他的目標可能種類繁多、性質互異，諸如由某些個人或某些團體積聚財富或權力，或分配財富與權力，或保護個人或團體的特定「權利」等等。因之，公共的或政治的社會工程學，可能具有性質最多樣的趨向，極權的與自由的兼而有之。（李普曼〔W. Lippmann〕在〈自由主義備忘錄〉[16]中提到的點滴改革，可說是遠大的自由派計劃的例子。）如同蘇格拉底（Socrates）一樣，點滴的工程師知道他所知道的是多麼渺小。他知道我們只能從錯誤中學習。職是之故，他總是一步一步的前進，仔細比較預期的結果和所達成的結果，而且總是提防任何改革所產生的那些不可避免卻又不想要的後果；他將避免去從事太複雜、範圍太廣大的改革，因為這些改革使他無從分辨並解開種種因與果，也使他無從知道自己真正在做什麼。

這種「點滴的修補」，不合乎許多「主動論者」的政治氣質。他們提出的計劃也有人說它是「社會工程學」，或許稱之為「有機全體的」或「烏托邦的工程學」要更好些。

有機全體的或烏托邦的社會工程學，相反於點滴的社會工程學，它向來不是「私人」性的，它總是屬於「公共」性的。它的宗旨是在根據某一確定的計劃或藍圖，重新改造「社會全體」；宗旨在「攫取關鍵據點」，[17]並擴張「國家的權力……直到國家幾乎變成與社會合而

16　李普曼的《好社會》（*The Good Society*, 1937）十一章頁二〇三以下。也請參看赫特（W. H. Hutt）的《重建計劃》（*Plan for Reconstruction*, 1943）一書。

17　曼漢（K. Mannheim）在他的《重建時代的人與社會》（*Man and Society in an Age of Reconstruction*）一書中，常用這類句法，請參看該書索引，以及頁二六九、二九五、三二〇、三八一等。就我所知，這本書是有機全體和歷史主義的計劃之精心力作，因此特地標出來以便批評。

為一」；[18]它的宗旨在於從這些「關鍵據點」，進而控制歷史諸力，一個發展中的社會型態，即是這些歷史力來塑造的：它或者是阻止了這項發展，或者是預見它的進程，然後使社會隨它而調整。

由於我們沒有提出點滴的途徑在範圍上的限制，所以或許有人會問：此地所說的點滴的與有機全體的途徑，二者間是否根本地有所不同？就此地了解的點滴的途徑講，憲政改革即列入範圍之內；同時一連串的點滴改革，極可能即是受到某個一般趨勢的推動，例如使收入更平等化的趨勢，我也不排除這種可能性。在這種方式下，點滴的方法，可能導致通常叫作「社會的階級結構」的變化。也許有人又要問：這種較具雄心的點滴工程學，跟有機全體的或烏托邦的途徑間，有任何差異嗎？如果我們考慮到：若要估計某一建議中的改革所可能產生的後果，點滴的技術學家，必須儘其可能去衡量任一措施對社會「全體」的影響，考慮到這點後，上面的問題就益發顯得切身了。

為答覆這項問題，我不擬就這兩個方法間劃出一條精確的分界線；我只想指出，關於改革社會的任務，有機派所持觀點與點滴的技術學家大為不同。有機派認為點滴的途徑太寒酸了，遂予以摒棄。然而，他們的實際作為卻與此背道而馳；因為在實際上，他們總是回頭投靠基本上是點滴派的方法，應用起來有些不經意有些笨拙，雖則雄心勃勃而且不顧情面，但卻又不具備它那謹慎而自我批判的特性。理由是在於：實際上，有機全體的方法到頭來是不可能的；有機派要做的改革越大，則所遇到的阻力越大，這些阻力均是原本無意且又出乎預料的，如此一來，迫使有機派的工程師權宜採取點滴漸進的改進。其實，這個權宜辦法在性質上比較近於中央化或集權式的計劃，而非

18　見曼漢前引書頁三三七。下面「廿三、有機全體論之批判」引述較為完整，並加以批評。（見本章附註廿四）

較為謙下與小心的干涉；而且它不斷導使烏托邦的工程師去做他本來無意去做的事物；也就是說，導致了未經計劃的計劃（unplanned planning）此種惡名昭彰的現象。因之，烏托邦工程學與點滴工程學之間的差異，實際上大部分在於對不可避免的意外，是否小心和有所預備，而非在於範圍和尺度上。其實，我們也可以這麼說，這兩個方法差異不在範圍及尺度，而是在其他方面——我們如把論及理性的社會改革之方法的兩個學說，拿來比較，則我們的預期與此相反。在這兩個學說中，我認為其中有一個是真的，另一個則是假的，後者容易導致嚴重的錯誤，而其實是可以避免的。在這兩個方法中，我認為其中有一個是可能的，另一個簡直就是並不存在，是不可能的。

烏托邦或有機的途徑與點滴的途徑，二者間的差異之一，或可陳述如下：點滴的工程師可以用開放的心靈（open mind）對付他的問題，如改革的範圍；有機派則不能這樣做，因為他事先已經決定：全面的重建不僅可能而且是必須的。這項事實影響深遠。它使得烏托邦派產生偏見，據以反對社會學的特定假說，例如本節提到的，由於個人要素——即「人的因素」——所造成的不確定性，使得體制上的控制有其限度。由於烏托邦派先驗地摒棄此種假說，使得他們的研究途徑違犯了科學方法的原理。另一方面，與人的因素之不確定性有關聯的問題，迫使烏托邦派——不管他喜不喜歡——想藉體制上的手段來控制人的因素，進而擴大他的計劃，不僅要改造社會，而且要改造人。[19]「因之，政治的問題，即是在於組織人的衝勁，使人們的精力集中到正確的戰略要點上，使發展的整個進程，導向我們所希求的方向走。」這種計劃隱含承認失敗，甚至尚未著手前即已失敗，似非用心

19　〈如何改造人的問題〉是前引曼漢《人與社會》（*Man and Society in an Age of Reconstruction*）書中一章的標題。以下引句出自該章，見該書頁一九九。

良苦的烏托邦派所能料及。因為他要求我們建立一個新社會，適合男女居住的新社會，卻代之以向我們要求「塑造」這些男女，以適應他的新社會。這明顯地已把驗證新社會之成敗的任何可能性，都移走了。因為那些不喜歡住新社會的人，只要承認他們尚不適合於住這種社會，他們的「人的衝勁」尚待進一步的「組織」即可。但是若無驗證的可能性，那麼任何斷言使用「科學的」方法的聲明，皆告煙消雲散。有機全體論的途徑，跟一個真正科學的態度，兩相牴觸。

　　烏托邦的工程學並不是本書的主要論題之一，但在下面三節中，將與歷史主義一併加以考量，理由有二。第一，在集體主義（或中央化）計劃的名義下，它是非常風行的一個學說，必須與「點滴的技術學」及「點滴的工程學」嚴格區分。第二，因為烏托邦主義之敵視點滴的途徑，不僅頗為類似歷史主義，而且時常加入歷史主義的意識型態成為聯合力量。

廿二　與烏托邦主義的可恥結合
（The Unholy Alliance with Utopianism）

　　我所謂「點滴漸進的技術學」與「歷史主義」──這兩個方法論途徑間的對立，穆勒曾清楚地予以辨識，他寫道：「社會學上有兩種探討。第一種探討提出的問題……例如，在目前的社會狀況下，若實行全民選舉……其結果如何？……但另有第二種探討……它所提出的問題不是：在某一社會狀態下，某一原因將有什麼結果；而是：一般而論，產生……社會狀態的原因是什麼？」[20]穆勒說的「社會狀態」

20　見穆勒：《邏輯》（Logic）第六篇第十章第一節。

（States of Society）正相當於我們所謂的「歷史時期」（historical periods）。顯然他之區分「社會學的兩種探討」，相當於我們之區分點滴的技術學與歷史主義的途徑；如果我們緊緊追隨穆勒對「第二種社會學探討」的說明，則這種相對當的情形益發明顯。穆勒（受孔德〔Comte〕的影響）認為第二種探討優於第一種，他且說第一種探討採用的是他所謂的「歷史的方法」。

前面說過（見本書「一、通則」、「十七、詮釋的相垺於計劃的社會變化」、「十八、本分析之結論」），歷史主義並不反對「主動論」。一個歷史主義的社會學，甚至可以解釋成一種技術學，（如馬克思所說）它可能有助於新歷史時期之「縮短及減少臨盆的苦痛」。我們會發現，穆勒在說明歷史的方法時，他對這觀念的表達方式，非常類似於馬克思。[21]他說：「現在特地標出的方法……乃是社會進步必須追尋的定律。由於它的幫助，我們也許不僅可以向前望見人類的未來歷史，而且可決定我們利用什麼人為的手段……以加速自然的進步，只要此種進步是有益的，[22]……奠基於純理論社會學最高級的一部門之這類實用指示，將形成政治藝術中最高貴而有益的一部分。」

從這段文字可以看出，標明我的途徑與歷史主義的途徑間之差異者，大體不在技術學，而是在點滴的技術學這項事實。就歷史主義之為技術學的而言，它的途徑不是點滴漸近的，而是「有機全體的」。

21　見《邏輯》（*Logic*）第六篇第十章第八節。馬克思與這相平行的文字（本書「十七、詮釋的相垺於計劃的社會變化」曾引用它）取自《資本論》（*Capital*）序言。

22　這句評語說明了穆勒不把「進步的」與「有益的」視為同義詞，因為他的功效主義（utilitarianism）阻止了他去如此定義；也就是說，他雖然具有進步主義，但他不支持歷史主義的道德理論（參考本書「十九、本批判的實際宗旨」），即史賓塞（Spencer）與恩格斯（Engles）所發展出的道德理論。（晚近的沃丁頓〔C. H. Waddington〕亦持此論，見他所著：《科學與倫理》〔*Science and Ethics*〕）。

當穆勒在解釋他所謂「社會狀態」（或歷史時期）的意義時，明顯地看出，他的途徑是有機全體的。他寫道：「什麼叫作社會狀態？……它是所有較為重要的社會事實或現象同時併存的狀態。」諸如「工業、財富及其分配的狀態」；社會之「區分為種種階級，以及這些階級彼此之間的關係；他們享有的共同信仰……他們的統治形式，以及更重要的，他們的法律與習俗」，尤其是這些事實的例子。總而言之，穆勒把社會狀態的特徵描述如次：「社會狀態有如……物體構造的不同時代；他們不是某一或少數幾個器官或功能的狀況，而是整個有機體的狀況。」[23]

使得歷史主義與任一點滴的技術學截然有別的，正是這有機全體論。也因為它，歷史主義之與某種型式的有機或烏托邦社會工程學相結合，才變成可能。

這的確是一個有些奇怪的結合。因為我們已經知道（見本書「十五、歷史預言相埒於社會工程學」），歷史主義的途徑，跟社會工程師或技術學家的途徑，二者之間有明確的衝突，倘若我們所謂社會工程學是指依計劃而建立社會體制。從歷史主義的觀點看，歷史主義的途徑恰與任何種類的社會工程學相反，猶之乎氣象學家的途徑與造雨魔術師的途徑相反一樣。職是之故，歷史主義者曾攻擊社會工程學（甚至點滴的途徑），認為它是烏托邦的途徑。[24]雖然這樣，我們卻仍發現，歷史主義經常與典型的有機或烏托邦社會工程學的觀念相結合，諸如「新秩序的藍圖」或「中央化的計劃」等觀念。

23　穆勒前引書第二節。

24　參見本書「十五、歷史預言相埒於社會工程學」至「十七、詮釋的相埒於計劃的社會變化」。尤其參見恩格斯所著的《烏托邦社會主義與科學的社會主義》（*Socialism, Utopian and Scientific*）。

　　柏拉圖與馬克思，是這種結合的兩個典型代表。柏拉圖是一個悲觀論者，他相信所有的變化——或近乎所有的變化——均是衰敗，這就是他的歷史發展律。職是之故，他的烏托邦藍圖乃以阻止一切變化為宗旨，[25]晚近人們必稱之為「靜態的」。反之，馬克思是一位樂觀論者，而且可能（和史賓塞一樣）是歷史主義道德理論的擁護者。以故，他的烏托邦藍圖乃是一個發展中或「動態的」社會之藍圖，而不是被阻止的社會之藍圖。他預測人類社會的發展，最後會演變成一種理想的烏托邦，其間不知有任何政治與經濟的壓迫，國家凋謝了，人人自由合作，各盡其能各得其所需；他不但這樣預測，而且還主動地企圖加速其發展。

　　促成歷史主義與烏托邦主義結合的最有力要素，毫無疑問的，乃是二者共同具有的有機的途徑。歷史主義感到興趣的，不是社會生活中各種現象之發展，而是「社會整體」的發展；而烏托邦工程學也同樣是有機全體性的。但兩者都忽視了一個重要的事實，即這種意義下的「整體」，絕對不是科學探討的對象，下一節我們將討論這點。兩派人都不滿意於「點滴的修補」和「得過且過」，他們希望採取更為激烈的方法。對一個變動的社會環境所獲得的經驗（這往往是很可怕的經驗，有時被描寫成「社會解體」），似乎給予兩派人深刻的印象，有時候甚至深深受它干擾。因之，二者都企圖將這變化予以理性化，一個是預言社會發展的進程，另一個則堅持變化應受到嚴密而完全的控制，或甚至應完全制止它。控制必須完全，因為社會生活中有任一部門不如此控制，則暗中總藏匿有危險的力量，這些力量會造成無從預見的變化。

　　歷史主義者與烏托邦主義者的另一個連結，乃是二者都相信：他

25　我在《開放社會及其敵人》（*Open Society and Its Enemies*）中有長篇討論。

們的宗旨或目標，不是選擇什麼的問題，也不是道德的決定之問題，而是在他們的探討領域中，這些宗旨或目標，是可以科學地予以發現的。（在這方面，他們和點滴的技術學家及工程師不同，正如與物理工程師不同。）歷史主義者與烏托邦主義者均相信，他們能夠發現什麼是「社會」的真正宗旨或目標，例如藉著斷定它的歷史趨勢，或藉著診斷「他們時代的需要」，而做到這點。因之，他們傾向於採取某種歷史主義的道德理論（見本書「十八、本分析之結論」）。宣揚烏托邦「計劃」的作者，大多數都告訴我們，計劃簡直是不可避免的，因為歷史前進的方向如此，不管我們喜歡與否，我們必須計劃；這絕非意外。[26]

在這同一條歷史主義思路上，這些作者譴責反對他們的人，認為這些人頭腦守舊，而且相信他們的職責即在「打破古老的思想習慣，並找出那理解變動不居的世界的新鑰匙。」[27]他們聲稱，除非我們拋棄點滴漸近的途徑，或「『得過且過』的精神」，否則「不可能成功地影響或甚至調動」社會變化的趨勢。但也許有人會懷疑，這種新的「在設計水平上的思想」，[28]是否如設想中的那般新，因為有機全體論似乎

26　例如，曼漢於《人與社會》（*Man and Society in an Age of Reconstruction*）書中頁六（其他多處亦可看出）告訴我們說：「其中已不再有任何『計劃與不計劃』之間的抉擇，而只有『好計劃與壞計劃』之間的抉擇。或參看儲威格（F. Zweig）的《自由社會的計劃》（*The Planning of Free Societies*, 1942）書中頁三〇，對於究竟是計劃的或非計劃的社會比較好，他的答覆是這樣說的：這個問題根本不會發生，因為目前歷史發展的方向已為我們解決了。

27　曼漢前引書頁卅三。次一引句出自同書頁七。

28　曼漢也和孔德一樣，把思想的發展分成三個層次：（一）嘗試與錯誤或機遇性的發現；（二）發明；（三）計劃（前引書頁一五〇以下）。我不同意他的學說，在我看來，嘗試與錯誤方法比其他「層次」更近於科學方法。把有機的研究社會科學的途徑看作是科學之前的，另一理由是：它包含有一種求全主義（perfectionism）

是相當古老的思想之特性，自柏拉圖以還即有。我個人相信，有相當好的證據足資說明如下觀點：有機全體的思考方式（不論是對「社會」或對「自然」），遠非代表思想發展程序上的一個高層次或晚近的階段，其實它是先於科學階段的特徵。

廿三　有機全體論之批判（Criticism of Holism）

我已經把自己的偏見透露出來，並且略述了我從事批判所憑據的觀點，以及對點滴漸近的途徑與歷史主義及烏托邦主義的途徑，其兩相對立也已概述。現在我將進行我的主要任務，即檢討歷史主義的學說。因為有機全體論目前已成為所擬攻擊理論最重要的立場之一，所以我開始先對它做一個簡短的批判。

晚近有機全體論的文獻中，使用「整體」（whole）一詞，意義有基本上的曖昧。該詞是用來指稱（a）某一事物的所有屬性或現象之全部（totality），尤其是維繫諸構成部分的一切關係；（b）事物的某些特別屬性或現象，具體講，亦即使事物看起來像是一個組織過的結構，而非僅是「堆積」而已。（b）意義下的整體，曾被當作科學研究的對象，尤其是所謂的「格式塔」（Gestalt）心理學；的確，我們找不出理由說何以不應研究這種現象，諸如結構的規律性（例如對稱性），有機體、電場、機器等事物中皆可發現之。具有此種結構的事物，誠如格式塔理論所說，絕非只是總集──「不僅只是諸部分之總合而已。」

的成分。然而一旦我們了解到，我們不能把天堂搬到地上，而只能對事物改進一點點，那麼我們也會了解到，我們只能一點一滴的改進它們。

從格式塔論中舉出任何一個例子，皆可顯示，（b）意義下的整體與（a）意義下的整體大為不同。如果依格式論者所說，我們認為一首樂曲並非僅只是單音的集合或串連，那麼它便是我們選來考慮這一串音的現象之一。這是一個與其他現象明白有別的現象，與第一音的絕對音感或樂曲的平均音強有別。此外，還有比樂曲更抽象的格式現象，例如樂曲的韻律，因為在考慮韻律時，我們把相對音調存而不論，而音調對樂曲是很重要的。這是有選擇性的，因之，對某一格式加以研究，和以格式來研究（b）意義下的任一整體，與研究某一全部，二者是截然有別的。

（b）意義下的整體可做科學的研究，這件事實，不可援引來證明（a）意義下的整體也可以這樣研究，後者是全然不同的主張，必須予以擯棄。如果我們希望研究某一事物，則我們不得不選擇幾個現象。我們不可能觀察或描述世界的某一整體，或自然的某一整體；事實上，甚至是最小的一整體也不可能這樣描述，因為一切描述都必然是選擇性的。[29]我們甚至可以說，（a）意義下的整體，絕不可能是科學活動或其他活動的對象／標的。如果我們拿起一有機體，然後運到其他地方，那麼我們是把它當作一個物體來處理，而忽略了其他許多現象。如果我們殺死它，那麼我們毀損了它的某些屬性，但絕非毀損了它的所有屬性。其實，即使我們把它砸碎或把它燒掉，也不可能毀損

29　耿柏之（H. Gomperz）指出：世界的某一片段，如一隻麻雀緊張地穿梭過去，可用下列大為不同的命題來描述，每個命題皆相應於此片段的不同現象：「這隻鳥在飛！」、「一隻麻雀飛過去了！」、「看，這兒有一隻動物！」、「此地有某一東西移動。」、「動能在此地被轉化了。」、「這不是永恆運動的例子。」、「可憐的東西受驚了！」很明顯的，科學的任務不是在悉舉這些例句，因為這必然是無限長的名單。見*Weltanschauungslebre*, II/I, 1908, p.63。海耶克在《倫理學刊》（*Ethics*, vol. LIV, 1943）文章註五中對有機全體論做一批判，與本書甚為相似。

它的全部屬性和它諸部分之間的所有內在關係。

　　但是以全部為意義的整體，不能成為科學研究的對象，或其他活動如控制或重建的對象，有機論者似乎避開了這件事實，甚至他們之中承認一般而言科學是選擇性的人，[30]也是如此。因為有格式塔心理學的前例可援，所以他們並不懷疑對社會整體（以全部為其意義）做科學把握的可能性。因為他們相信，格式塔心理學，與對（a）意義下的整體所做的處理，即包含「某一時期所有社會與歷史事件的結構」，二者間的差異，僅在於下面這項事實，即格式或可由直接頓悟的知覺來把握，而社會整體則「太錯綜複雜以致不能一瞥即可理解」，所以他們「唯有經過長久思考後，一切因素都注意到、比較過、組合過，才能予以把握」。[31]總之，有機論者不知道：格式知覺與（a）意義下的整體無關，一切知識——不管是直觀的還是推論的——都必然是屬於抽象事相的知識，我們絕對不可能把握（理解）「社會實在自身的具體結構」。[32]由於忽視了這點，所以他們堅持認為，專家們對「細枝末節」的研究，必須益之以一種「整合的」或「綜合的」方法，目標在重建「整個程序」；並且他們聲稱，「只要專家們一直拒絕以整體來看待他們的問題，社會學將繼續忽視這個根本問題」。[33]但這種有機論的

30　曼漢說道（見前引書頁一六七）：選擇性或抽象的科學是「一切力求精確的科學所必需通過的階段。」

31　以下三個引句可參看曼漢前引書頁一八四，以資比較，並看頁一七〇附註及頁二三〇。

32　前引書頁二三〇。認為人們對「實在自身」（reality itself）可獲得一種具體的知識，這種學說，大家都知道是神秘主義（mysticism）的一部分；要求「整體」的呼籲，亦然如是。

33　前引書頁廿六、卅二。我對有機論加以批判，並不意味說，我反對要求科學各部門互相合作。特別當我們面臨明確地是點滴性的問題時，此種互助極可能俾益良多，作夢也沒有人會去反對它。但這與藉系統性綜合之類的方法去把握具象整

方法，必然仍維持一個紙上計劃而已。對一個整體的具象的社會境況做科學的描述，迄今仍無實例可援引。而且必無可能，因為在每一個這般的例子中，我們皆可指出它忽略了那些事相，而這些事相自其他系絡看來，可能重要非凡。

然而，有機論者不僅計劃藉一種不可能的方法去研究整個社會，他們還計劃去控制和重建社會「整體」。他們預言說：「國家的權力勢必日漸增加，直到國家幾乎變成與社會合而為一時為止」。[34]這段話表示出來的直覺認識，相當明白清楚，乃是一種極權的直覺認識。[35]然則除了傳達這點直覺認識外，這項預言意義何在？當然，「社會」一詞包含了所有的社會關係，包括所有的個人關係，諸如母與子的關係、辦理兒童福利的官員與母子的關係。想控制所有或「近乎」所有的這些關係，極其不可能，理由多端，我們單單指出下面一點便夠了：對社會關係的每個新控制，總締造了許多有待控制的新社會關係。簡言之，這一不可能性乃一個邏輯上的不可能性。[36]（此種企圖導致了無止境的倒轉，企圖研究社會整體，也會遭遇類似的狀況，因為研究社會整體勢須包括此項研究。）然則毫無疑問的，烏托邦派的人的確計劃去嘗試不可能的事物；因為他們告訴我們說，在眾多的可能事物中，我們甚至可能「以一個較切實際的方式來塑造人與人的交往」。[37]

體，根本是極其不同的一回事。

34　見前引書頁三三七；並參見本章附註十八。

35　所引公式幾乎與施密特（C. Schmitt）提出的完全一樣。

36　有機論者也許希望有一個辦法解決這難題，即否定邏輯的有效性，他們認為辯證法已取代邏輯。我曾寫過〈什麼是辯證法？〉一文駁斥之，該文刊於《心智》雜誌（Mind, vol. 49 N. S., pp.403 ff.。）

37　見曼漢前引書頁二〇二。此地或可一提——目前在教育理論家之間，盛行一種心理學的有機論。

（當然，沒有人會懷疑，相反於（a）意義下之（b）意義下的整體，是可以塑造、控制甚至創作出來的，例如我們創作一首樂曲，但這跟烏托邦派夢想的全部控制無關。）

烏托邦主義就談到這裡為止。就歷史主義而言，則其處境同樣是毫無希望。歷史主義的有機論者，經常以弦外之義聲言，歷史方法適宜於處理以全部為意義下的整體。[38]但這項聲言實基於一種誤解。有一項正確的信念，就歷史相反於理論科學，它感興趣的是具體個別的事件與個別的人物，而不是抽象的一般定律；另外有一項錯誤的信念，即歷史感興趣的「具體」個人，可與（a）意義下之「具體」整體合而為一；這兩個信念互相結合，其結果便產生了上面的誤解。但他們不可能做到，因為歷史和其他種類的探討一樣，只能就所感興趣之對象中，選擇幾個現象來處理。如果相信真有有機意義下的歷史，即代表「社會有機體之整體」或「某一時期的所有社會與歷史事件」之「社會狀態」的歷史，則這是一項錯誤。這個觀念，得自對人類歷史抱持一直覺的觀點，認為人類史是一巨大而廣包的發展河流。但這樣一部歷史是無從下筆的。每部筆寫的歷史，皆是這「全部」發展中某一特定狹窄現象的歷史，即使所選的是一個很不完全的現象，寫出來的歷史也是一部極其不完全的歷史。

有人說：「今天，我們被迫不得不去建立及指導我們的整個社會系統，並且要做得很徹底，而對整個自然系統，我們向來沒有這樣徹底的做過，因之，我們一向不必透入到個別自然世界的歷史與結構中去。人類雖尚未嘗試去創造一個第二大自然，但目前正試著在……規

38　特洛爾奇（Troeltsch）尤其宣揚謂：歷史處理的是「具體的個別的整體」，它可能是人、事件或時期。曼漢始終假定這一說法是真確無誤的。

範它社會生活的整體。……」[39]這段很獨特的話，把烏托邦主義與歷史主義兩者的有機論傾向，統一起來了。這段話也正說明了一項錯誤的信念，即如果我們像有機論者一樣，希望去「徹底處理整個自然系統」，則採取一種歷史方法，將有很大的幫助。但是像地質學之類的自然科學，他們也採取了這種方法，卻仍難以把握其主題材料的「整個系統」。這段話同時也說明了一個不正確的觀點，即我們有可能去「建立」、「指導」、「規範」、「創造」（a）意義下的整體。「我們向來沒有去建立及指導整個自然系統」，這的確是真的，只因為我們尚且無從建立及指導一「整」片的生理器官。這是做不到的。他們是烏托邦的夢想，或是誤解。告訴我們說，今天我們被迫去做一件邏輯上不可能的事，具體講，即建立及指導整個社會系統，並規範整個社會生活，這只是想用「歷史力量」和「迫在眼前的發展」來威脅我們，而使得烏托邦計劃變成無可避免。

附帶一提：前引一段話，有趣在它不啻承認了一件意義重大的事實，即有機論的工程學，連同與有機論相應的「科學」，並無物理上可與之類比的東西存在。尋求自然與社會科學間的類比，在此便確實有助於澄清本問題。

這就是有機全體論的邏輯處境，有機論者鼓勵我們在這塊岩石上去建造一個新的世界。

最後，我承認（b）意義下的整體，享有科學的地位，針對這類整體，謹提出一項重要的評語。無需收回前此我說過的任何話，我不得不指出，整體並非僅只是諸部分的總合而已，這句話之瑣碎與含混，似乎還很少人了解到。甚至是一隻盤子內的三粒蘋果，也並非只是三粒蘋果之「總合而已」，因為這三者間勢必有一定的關係（如最大一

39　曼漢前引書頁一七五。

粒在中間或不在中間等等）：這些關係不是依循三粒蘋果這個事實而得的，但卻可對之做科學的研究。同時，大家議論紛紛的「原子論」與「格式論」的途徑間之對立，至少就原子物理學而言，完全是毫無根據的：因為原子物理學並非只在「總合」它的基本粒子，而是從與（b）意義下之整體有關的觀點，研究粒子系統。[40]

　　格式塔理論家最希望聲明的是：世界上確有兩種事物存在著——一是「堆積」（heaps），我們不能從其中分辨出任何秩序；一是「整體」（wholes），我們從其中可辨別出一個秩序、對稱、規律性、系統或一個結構計劃。因之，像「有機體是整體」這類句子，本身即可化除為：在一個有機體內，我們可發現某一秩序之類的濫調。此外，一般而言，通常所謂的「堆積」，也有一個格式現象，和常常被人提到的電磁場一樣。（且請考慮一堆石頭內部壓力增加所循的常規方式）由此可見，這種區分不僅瑣碎，而且是出乎預料的含混不清；不能適用於不同種類的事物，只能適用到同類事物的不同現象。

廿四　有機全體論的社會實驗理論
（The Holistic Theory of Social Experiments）

　　有機全體論的思考，對歷史主義的社會實驗理論（本書「二、實驗」已予申論），發生了特別有害的影響。歷史主義者認為，巨幅的

40　例如波利（Pauli）的排除原理。對社會科學家來說，競爭或分工等類的觀念，應使他們充分明白：一個「個人主義的」或「原子論的」途徑，絕不阻止我們之認識每一個人皆與其他人互相行動。（心理學的情況則不同，因為雖有許多人企圖把原子論應用到心理學，但似乎均未成功。）

或有機論的社會實驗，即使可能，也絕不適合於科學的宗旨，點滴漸進的技術學家，將同意這個觀念；但是歷史主義與烏托邦主義都共同認為，社會實驗若要切合實際，必須具有烏托邦式之企圖攻造社會整體的特性，技術學家卻將鄭重地否認這項假設。

為了方便起見，先討論反對烏托邦計劃的明顯理由，具體講，即我們不具有從事此種計劃所需的知識，拿它作為我們批判的開始。物理工程師的藍圖，奠基於一種實驗技術學；他的活動所根據的一切原理，皆可由實際的實驗來檢驗。但社會工程師提出的有機論藍圖，卻非奠基於任何擬似此類的實際經驗。因之，物理工程學與有機論社會工程學間的類比，便告破滅；有機論的計劃，最正確的稱呼是「烏托邦的」計劃，因為它的計劃根本沒有科學的基礎。

面臨這項批評，烏托邦工程師很可能會承認，實際經驗和一種實驗技術學，的確是有其需要。但他將聲稱，如果我們怯於去做社會實驗或有機論的工程學，在他看來，二者根本是一回事，那麼我們對這些事物，必將一無所知。他將辯道，事情總得有人發端，運用我們具有的一切知識，不管是大是小，開始從事吧！今天，我們之所以具有某些飛機設計的知識，只是有些不具有此種知識的先驅人物，他們敢於設計一架飛機，並試做成功了。由此，烏托邦主義者甚至會辯說，他所提倡的有機論方法，其實無非是應用到社會的實驗方法罷了。因為，他與歷史主義者同樣認為，小幅實驗，例如在某間工廠、村莊或甚至在某一地區內從事社會主義的實驗，所得結果不能成為定論；這類孤立的「魯濱遜實驗」，不能把「大社會」中現代社會生活的任何消息告訴我們。甚至用「烏托邦」這個綽號稱呼他們——意即忽視了歷史的趨勢（依馬克思的含義），也是理有應得的。（在本例中，其含義是：社會生活走向日益互相依賴的趨勢被忽視了。）

唯有依有機論尺度所實行的社會實驗（假定真有其事）才是有價

值的，我們知道，這是烏托邦主義與歷史主義都同意的觀點。這種廣泛持有的偏見，其中含有一個信念，認為我們絕少處於一種境遇以從事社會領域的「計劃實驗」，到目前為止，在這方面實行過的「隨機實驗」，為了估計其成果，我們也勢須轉而求之於歷史。[41]

我有兩個理由反對這個觀點：（a）它忽略了點滴的實驗，這對一切社會知識，不論是先於科學的或科學的社會知識，都具有根本重要性；（b）有機論的實驗，對我們的實驗知識，不可能有太多貢獻；這類實驗之可以稱其為「實驗」，唯有在該詞與「其結果不確定的一項行動」同義時，才能如此；但我們使用該詞時，若意思是指：藉由比較所得結果與預期結果，以取得知識的一種手段，在這種意義下，便不能稱之為「實驗」。

關於（a），有人可能會指出，有機論的社會實驗觀點，對於我們何以具有甚多社會生活的實驗知識這一事實，未予解釋。一個有經驗與無經驗的商人、組織家、政治家及將軍，二者間是有差異的。這是他們社會經驗上的差異，而且不僅是由觀察，或對所觀察者加以反省，同時還有由於致力於達成某一實際目標所取得的經驗上的差異。我們必須承認，依這種方式而取得的知識，通常是一種先於科學的（pre-scientific）知識，因此也就比較像是由隨意觀察取得的知識，而比較不像是精心設計的科學實驗取得的知識；但這不成理由以否認該知識乃是奠基於實驗，而非僅奠基於純觀察。一名雜貨商開了一間新店舖，即是做了一次社會實驗；甚至一位在戲院門口排長龍買票的人，也得到了實驗的技術性知識，下次他也許會利用這一知識來預訂

41　穆勒也抱這種觀點，他在提到社會實驗時說：「我們可能一向沒有這個能力去嘗試。我們只能觀看大自然所產生的……歷史上記錄的種種現象的持續情形。……」（《邏輯》（Logic）第六篇第七章第二節。）

座位，而這又是一個社會實驗。我們不應忘記，只有經過實際的實驗，市場上的買方與賣方，才能知道：供給增加則價格降低，需求增加則價格提高。

一位壟斷者決定改變他產品的價格；私人或公家保險公司，引進一項新型的健康或就業保險；加徵新貨物稅；採取一個打擊商業循環的政策；這些都是尺度較大的點滴實驗之例子。這些實驗之所以實行，著眼點均是在達成實際目的，而非科學目的。再者，有些大廠商之所以從事實驗，其深遠的目標是在增加對市場的了解（當然是想稍後增加利潤），倒不是想立刻增加利潤。[42]這種境況，非常類似於物理工程師或先於科學的方法之境況，我們的造船或航海術等技術性知識，起先就是這樣得來的。其間似乎沒有理由說，何以我們不該改進這些方法，最後由更具科學腦筋的技術學來取代它；也就是說，基於批判思想以及實驗，由在同一個方向上更為系統化的途徑以取代之。

根據這個點滴漸進的觀點，則先於科學的與科學的實驗途徑，二者間沒有明白可見的區分，雖則越是有意識地應用科學的途徑，也就是說，應用批判的方法，是至為重要的。基本上，這兩個途徑都可以說是運用嘗試與錯誤的方法。我們嘗試，亦即我們對不僅把觀察結果登錄下來，而且做了一些主動的嘗試，以解決一些多少是實際的和明確的問題。如果我們預備從我們的錯誤中學習，唯有如此，我們才能

---

42 韋伯夫婦（Sidney and Beatrice Webb）在《社會研究的方法》（*Methods of Social Study*, 1932）一書頁二二一以下，所提到的社會實驗的例子，與本書甚為類似。然而，他們並未區分我們此地所謂「點滴的」與「有機的」這兩類實驗，雖然他們對實驗方法所做的批判（見頁二二六「效果之互混」），拿來當作對有機論實驗的批判，尤其恰當。（他們似乎很羨慕有機論的實驗）再者，他們的批判與「可變性論證」相連結，我認為此一論證是無效的，參見本書「廿五、實驗條件的變異性」。

進步：即承認我們的錯誤，然後批判性的運用他們，而不是獨斷地死守這些錯誤。雖然這一分析，也許聽來有點微不足道，但我相信，這是一切經驗科學的方法。這個方法假定：科學特性越強，我們便越自由且自覺地去冒險嘗試，對我們總會犯的錯誤，越能以批評的眼光予以留意。這條公式，不僅涵蓋了實驗方法，而且包括了理論與實驗的關係。一切理論皆是嘗試，他們是暫時性的假說，試試看能否行得通；一切實驗性的驗證，單純是依批判精神所做測驗的結果，企圖找出我們的理論錯在那裡。[43]

就點滴漸進的技術學家或工程師而言，這些觀點意味著，如果他想引進科學方法來研究社會和政治，則最需要的是採取一個批判的態度，並了解到，不僅嘗試是必需的，連錯誤也是必需的。他不僅必須學習怎樣預期錯誤，而且要有意識地去搜尋他們。我們都有一個非科學的弱點，總是認為自己對，專業與業餘的政治家，似乎特別常見。若要把科學方法適用到政治上，唯一的辦法是先假設：任何政治行動，必然都有缺點和不受歡迎的後果，以這假設為本向前行。注意這些錯誤、找出來、予以公開、分析他們，從他們學習，這就是科學的政治家與政治科學家所當做的。說服我們自己謂我們並未犯任何錯誤、別管他們、把錯誤隱藏起來、把錯誤歸罪於他人，這是政治上的偉大藝術；接受犯錯的責任、試著從錯誤中學習、應用這項知識以免將來重犯，這是政治上更偉大的藝術；而政治上的科學方法，意即以更偉大的藝術取代偉大的藝術。

43　拙著：《科學發現的邏輯》（*Logic of Scientific Discovery*）一書中，對現代物理學依循此地所指路線的方法，有較充足的分析；同時參看拙文〈什麼是辯證法？〉（*Mind*, vol.49, pp.403 ff.）並請參看丁伯根（Tinbergen）：《商業循環理論的統計測驗》（*Statistical Testing of Business Cycle Theories*）第二冊頁廿一，「建構一個模型……是……嘗試與錯誤的一件事」等等。

　　現在我們轉而討論（b）點。有機論者認為，我們可自有機論的實驗中學習，或更確切地講，從實行於接近有機論夢想尺幅的措施中學習。我們即針對這觀點來批判。（激進意義下的有機論實驗，是指重造「社會整體」，這在邏輯上是不可能的，我在前一節已說明過。）我們的主要論點非常簡單：要批判我們自身的錯誤是相當困難的，但對於我們那涉及許多人身家性命的行動，要堅決保持一個批判的態度，則幾乎是不可能的。換個方式講，我們極難從一個巨大的錯誤中學習教訓。

　　理由或可分兩層講，一是技術性的，一是道德的。由於同一時間內所做的事情太多，我們不可能說某一措施係對任何一項結果負責；或者，如果我們把某一結果諉因於某一措施，我們之所以能這樣做，唯有根據先前取得的一些理論知識，而非得自有機論的實驗。這種實驗，並不幫助我們把某些特殊結果歸因於某些特殊措施，我們所能做的是將「整體結果」歸因於它；不管這意義為何，它的確是很難加以估計的。甚至用了最大的努力，去就這些結果取得一個面面俱到的、獨立的、批判的陳述，這些努力也不可能證明為成功。但是人們幾乎沒有機會做這類的努力，相反的，對有機論的計劃及其結果從事自由討論，乃是不被允許的。理由在於：每個大幅度的計劃嘗試，說婉轉一點，必然引起許多人的不便，而且要經過相當長的一段時間。因之，有反對和抱怨該計劃的傾向。如果烏托邦的工程師希望有任何進展，則他對這些怨言必將不予置聞；事實上，壓制不合理的反對意見，乃是他工作的一部分。但是一旦壓制了不合理的反對意見後，則他必然也會不分皂白地把合理的批評壓制下去。不滿的表示被遏止後，單這件事實，便會令即使是最熱情的滿意表示亦將變成毫無意義。職是之故，我們便很難去確定一些事實，即該計劃對個別公民產生的回應作用，而如果沒有這些事實，那麼科學的批判是不可能的。

　　截至目前為止，我們還沒有指出有機論的計劃如何與科學方法結合，其更為基本的難題何在。集中權力頗為容易，但要把分散在許多個人頭腦裡的知識集中起來卻是不可能的，有機論的計劃者忽視了這件事實；而眾人頭腦的集中化，則是業已集中化的權力善加發威所必需的。[44]但這件事實的影響卻至為深遠。由於未能確定眾人腦子裡想的是什麼，他勢必要泯除個人間的差異，以使他的問題簡化，他必須藉教育與宣傳，以圖控制人的興趣與信念，並使之定型。[45]但企圖以權力來掌握人的頭腦，使得尋找人們所思為何的最後可能性，必遭摧毀，因為它顯然與自由思想尤其是批判思想相牴觸。最後它必然摧毀掉知識，取得的權力越大，知識的損失越大。（依波爾〔Niels Bohr〕對互補一詞的定義，或可發現：政治權力與社會知識是「互補的」〔complementary〕。它可能是這個難以捉摸而又很時髦的詞語的唯一例解。）[46]

44　海耶克教授觀察到：計劃所需的知識，不可能「集中於一個人的頭腦」。見《集權主義者的經濟計劃》（*Collectivist Economic Planning*）頁二〇一。（參考本章附註十）

45　斯賓諾沙（Spinoza）政治理論中最重要的一點是：妄想知道及控制其他人的思想是不可能的。他把「暴政」定義為：妄想達成不可能的事物、在不能行使權力的地方行使權力的企圖。我們必須記住，斯賓諾沙並不是正牌的自由派人士，他不相信從體制上來控制權力，而是以為：一位君王有權利行使他的權力，只受權力實際的限制而已。然而斯賓諾沙所謂「暴政」、並聲稱其與理性相衝突者，有機論的計劃者卻天真的視之為一個「科學的」問題，即「如何轉化人的問題」。

46　如果有兩個途徑（a）在通常意義下是互補的，以及（b）如果二者彼此排斥，意即我們使用甲方多，則我們使用乙方便少；這樣的兩個途徑，波爾稱之為「互補的」。雖然我在本文中指的主要是社會知識，但我們或可聲言，政治權力之積聚（與集中），與一般科學知識之進展，是「互補的」。因為科學的進步有賴於思想的自由競爭，思想的自由競爭有賴於思想的自由，最後，思想的自由有賴於政治的自由。譯註：作者在本段下半的意思，與中文成語「互為消長」頗近似。「互

　　所有這些評斷，均限於科學方法的問題。這不啻暗中認可一個巨大的假設，即籌措計劃的烏托邦工程師之基本的仁心，我們不需加以懷疑，而他被賦予某一權威，此權威至少可趨近專制的權力。唐尼（R. H. Tawney）在討論馬丁・路德（M. Luther）和他的時代後，結語云：「馬基維利（Machiavelli）與亨利八世（Henry VIII）的時代，對獨角獸和火中蛇之存在，至表懷疑；但對更稀罕的怪物，即敬畏上帝的君王，卻予以崇拜，並為這種輕信找到養料」。[47]如果我們此地以「敬畏上帝的君王」來代替「獨角獸和火中蛇」，用比較明顯的現代對應者來代替這兩種怪物，再拿「仁心救世的計劃權威」代替「敬畏上帝的君王」，你便有了關於我們時代的輕信之一份描述。此地我們不擬對這種輕信加以挑戰，然而即使假定：當權計劃者的救世仁心是無限廣大且又絕不改變的，但我們的分析卻顯示，當權計劃者甚至不可能發現：他們所為措施之結果，是否與他們的善心慈意相符。

　　我不相信，對於點滴漸進的方法，我們亦可提出任何相對應的批評。更具體講，因為這個方法，可用於找尋及抵抗最大最迫切的社會罪惡，而非在找尋某一終極的善並為它而奮鬥（有機論者即傾向於此）。但是，對確鑿的錯誤、具體的不公或剝削形式、以及貧窮或失業等可避免的苦痛，做一種系統的抵抗，與企圖去實現一個遙遠的理想的社會藍圖，乃是截然不同的一回事。其成功或失敗，比較容易估計出來；而且並無內在的裡由，可證明這一方法勢必導致權力的積聚，或對批評予以壓制。同時，這樣一種針對對具體錯誤與具體危險所做的抗爭，比為了成立一個烏托邦而做的抗爭，更容易找到大多數

　　補的」改作「互為消長」，亦可。

47　見唐尼：《宗教與資本主義的興起》（*Religion and The Rise of Capitalism*）第二章第二節末尾。

人的支持，不管就計劃者的眼光看來，該烏托邦是多麼理想。這或許可以說明一件事實，即在民主國家裡面，為保衛自己反抗侵略所必需的深遠措施（可能亦含有有機論計劃的性質），會得到足夠的支持；而在準備或發動侵略戰爭的國家裡，依一般常理，則公眾的批判必須予以壓制，以便化侵略為防衛，從而動員大眾的支持。

　　烏托邦主義者聲言：他的方法，才是可適用於社會學領域的真正的實驗方法，現在我們或可回頭討論這點。我想，我們的批判已把這項聲言打散了。這點可就物理工程學與烏托邦工程學的類比，而做更深一層的解說。我們或可承認，物理機器可由藍圖而成功地設計出來，甚至生產這批機器的整座工廠亦可如此，但是這只有在先前曾經實施過許多點滴漸進的實驗後，才有可能。每架機器都是許多小改進累積而得的成果。必須經過嘗試與錯誤的方法和不計其數的小調整，才能「發展出」一個模型。生產工廠的設計亦然。只有我們經歷了所有各種小錯誤之後，那明顯的有機論計劃才能成功，不然的話，我們自可有理有據的預料，它必將促成巨大的錯誤。

　　因之，如果我們更貼近地觀察物理與社會工程學間的類比，則將反對有機論的社會工程學，而贊成點滴漸進的社會工程學。「社會工程學」一詞，曾被烏托邦主義者僭用，這些人根本沒有權利這樣做。

　　我對烏托邦主義的評斷，就此作結論。現在我將集中攻擊它的盟友——歷史主義。我相信，關於歷史主義者對社會實驗所提出的反對論點，我已經做了充分的答覆，但是尚有一點未答覆，即歷史主義者認為，社會實驗沒有用處，因為我們不可能在精確相同的條件下，重覆這些實驗。我們現在就來考慮這一論證。

廿五　實驗條件的變異性
（The Variability of Experimental Conditions）

　　歷史主義者辯稱，實驗方法不能適用到社會科學，因為在社會領域內，我們不能隨心所欲地重新產生精確地類似的實驗條件。這個看法，使我們更接近歷史主義的中心立場。我承認這項爭論是有點道理的，物理學方法與社會學方法，毫無疑問是有差異。雖然如此，但我仍舊認為歷史主義的爭論係奠基於對物理學實驗方法的一大誤解。

　　且讓我們先檢討這些方法。每一位實驗物理學家都知道，在看似精確地相似的條件下，卻會發生極其不相似的事物。有兩條電線初看之下恰恰相同，但在一件電機儀器中，如果拿這一條來換另一條，則所發生的差異可能非常大。若做更精密的察驗（就說是用顯微鏡來察看），或許我們會發現，它們並不像初見時這般相似。但對導致不同結果的兩個實驗，其條件間的差異，的確很難予以偵察。為了要找出哪一類的相似是相干的，什麼程度的相似才管用，需要經過實驗的與理論上的長期研究。在我們能夠為我們的實驗提供相似的條件之前，甚至在我們知道「相似的條件」於此實驗中意義何在之前，必須先已完成了這項研究。然而，實驗方法總是可適用的。

　　因之，我們可以說，何謂「相似的條件」，這要看所做的實驗是哪一種，而且只有利用實驗才能答覆這個問題。關於任何已觀察過的差異或相似性，不管多麼醒目，它是否跟我們重做一項實驗的目的有關，不可能先驗地予以決定。所以我們必須讓實驗方法去自己照顧自己。如何用人為的方法使實驗孤立，以免受到干擾，這是爭論很多的問題，也可以用精確地類比於上述的省察來答覆。明顯地，我們不能孤立一件儀器以抗拒所有的外來影響：例如，我們不能先驗地知道，

行星或月球的位置，對物理實驗的影響，究竟是大得很，或是小得可不必計及。我們只有從實驗所得結果中得知，或自實驗所驗證的理論中得知，我們需要的是哪一種人為的孤立。

歷史主義者認為，社會實驗註定要因社會條件的變動而受到阻礙，尤其是歷史發展所產生的變化，根據我們上述的考慮，這一論證失去了它的力量。不同的歷史時期中盛行的狀況／條件，彼此之間有醒目的差異，這是歷史主義者至表重視的，但這差異並不一定造成社會科學所特有的難題。人們可能會承認，如果我們突然之間搬移到另一個歷史時期，我們很可能發現，在我們原來的社會所做的點滴實驗，據此而形成的社會期望，在這一時期中，許多都令人失望了。換句話說，實驗可能導致始見未及的結果。但必當是實驗才導引我們發現社會狀況的變化，實驗必當教導我們，特定的社會狀況是隨歷史時期而變動的，正如實驗告訴物理學家，水沸的溫度可能隨地理位置的高低而變化。[48]換言之，聲言歷史時期彼此有差異的學說，根本沒有使

48　這兩個例子——歷史時期與地理位置，我們利用由實驗所驗證的理論，或可發現，任何時間或空間位置的指涉，可藉特定的流行而相干的狀況之一般性敘述，如教育狀況或高度來予以取代。有些歷史主義者懷疑此種成功調整的可能性，他們甚至提出論證，認為如果我們移至距今遙遠的歷史時期，則太多我們的社會實驗，會導致令人失望的結果，藉此來為他們所謂社會實驗無用論的說法辯護。他們聲言，對這些令人迷惑的狀況，我們不可能調整我們的思想習慣，尤其是我們分析社會事件的習慣。在我看來，這些恐懼乃是歷史主義者歇斯底里症（hysteria）的一部分，他們完全被歷史變化的重要性所鎮住了；但是我必須承認，我們很難在先驗的基礎上驅除這些恐懼。畢竟，適應新環境的能力，因人而異，而且我們也沒有理由說，何以應該預期（持此種失敗論觀點）一名歷史主義者，能夠成功地把他的心智隨社會環境的變化而適應。何況這也要視新環境的特性而定。一位社會探究者，在他尚未藉嘗試與錯誤而適應吃人的習俗之前，可能發現自己已被人吃了，這種可能性並非沒有，而且絕不亞於在某一「計劃」社會裡，他的探究可能以集中營為結局這種可能性。在物理學領域內，也有類比的評

得社會實驗成為不可能，它僅只是表達了一個假設，即如果我們搬到另一個歷史時期，我們理應繼續做我們點滴漸進的實驗，不過其結果可能出人意表或令人失望。其實，只有透過我們於想像中所完成的實驗，我們才能對不同歷史時期的不同態度有所知。歷史學家發現，在解釋某些記錄時有困難，或者發現了一些事實，顯示某些前輩歷史學家誤解了某些歷史證據。歷史解釋的這些困難，是歷史主義者心目中那種歷史變化的唯一證據，但這些只不過是我們思想實驗中，預期結果與實際結果之間的岐異而已。也就是這些驚訝與失望，透過嘗試與錯誤的方法，使得我們對奇怪的社會狀況之解釋能力，有了改進。我們在思想實驗中，所取得的對歷史解釋的了解，人類學家自實際的現地工作中，也得到了同樣的認識。這些現代的探究者，他們成功地調整了他們對狀況的預期，這些狀況或許比石器時代還古老，他們的成就歸功於點滴漸進的實驗。

總括而言，歷史主義的主張，諸如歷史狀況的變異性，使得實驗方法不能適用於社會問題，或就此點而論，社會研究根本上不同於自然研究，這類論調似乎都沒有任何根據可言。如果我們承認，實務上，社會科學家往往極難隨心所欲去選擇或改變他的實驗條件，這是相當不同的一回事。物理學家的處境比較好些，雖則有時也面臨相似的困難。因之，在變動的磁場上從事實驗，或在極端的溫度條件下從事實驗，其可能性是很有限的。但我們不當忘記，今天物理學家所可能做的許多實驗，在不久以前卻是不可行的，原因不在於物理學上的困難，而是在於社會的困難，也就是說，當時我們還不準備冒險去花這些研究所需要的錢。然而，今天有許多物理學的探究可在實驗條件

斷。世界上有許多地方盛行的物理條件／狀況，物理學家罕有機會藉嘗試與錯誤來自我調整。

下從事，而這些條件並不是人們所想要的，這是事實，但社會科學家的處境卻極為不同。許多雖是點滴漸進而非烏托邦性質的實驗，且是人們極其想要的實驗，卻仍然是遙遠的夢想。實際上，一位社會科學家不得不經常（且過分）倚靠腦子裡所完成的實驗，並倚賴在條件下實施的政治措施之分析，而從科學的觀點講，留下了甚多遺憾之處。

廿六　通則是否只限於歷史時期？
（Are Generalizations Confined to Periods?）

在我還沒有充分討論社會學定律、理論、假說、「通則」的問題之前，卻先討論了社會實驗的問題，這項事實並不意味說：我多少認為，觀察與實驗在邏輯上先於理論。相反的，我相信理論先於觀察和實驗，意即後二者只當他們與理論問題有關係時，才具有重要意義。同時，我們希望觀察或實驗也許幫助我們提出答案，在這之前，必須先有一個問題。或用嘗試與錯誤方法的術語來說，嘗試必然先於錯誤，我們已經知道（見本書「廿四、有機全體論的社會實驗理論」），理論或假說總是暫時性的，是嘗試的部分，而觀察與實驗則顯示我們錯在何處，以幫助我們清除不對的理論。因之，我不相信「通則方法」，這個方法是說，科學從觀察開始，透過某種通則化或歸納的程序，以得到科學的理論。我反而相信觀察與實驗的功能沒有這麼大，它乃是在幫助我們考驗我們的理論，並刪去那些經不起考驗的理論；雖則我們必須承認，這種清除程序，不僅在約束我們的理論思考，而且也刺激它，使它再度嘗試——又往往再度錯誤，藉著新的觀察與實驗，又再度被否定。

歷史主義者辯稱，在社會科學裡頭，一切通則或至少那些最重要

的通則，其效準性侷限於相干觀察所做的那一具體的歷史時期（見本書「一、通則」），我將在本節批評之。我在從事批評時，並不先去討論所謂「通則方法」是否可以辯護這個問題，雖則我認為它不能予以辯護；因為我認為，不必顯示這一方法是無效的，歷史主義的方法即可予以否定。因之，我對這一方法的觀點以及理論與實驗間的一般關係，將延後到本書「廿八、化除法、因果解釋、預測與預言」來討論。

我對歷史主義者看法之批判，首先是承認：生活於某一特定歷史時期的人，絕大多數偏向一個錯誤的信念，認為他們從本身周圍觀察得到的規律性，即是社會生活的普遍定律，放之四海而皆準。的確，有時候我們只注意到，當我們在外國時，我們所珍愛的飲食習慣、迎賓禁忌等等信念，絕非如我們先前天真地設想的能被人接受。許多我們的其他通則，不管是有意識或無意識地予以抱持，可能屬於同一類，這是相當淺白的推論，雖則他們可能還沒有被人挑戰過，因為我們不能進入另一個歷史時期。（例如古希臘詩人赫西俄德〔Hesiod〕即做此推論）[49] 換句話說，我們必須承認，我們社會生活中有許多規律性，僅只是我們這個時代的規律性，而我們傾向於忽視這一限制。所以，（尤其是在社會變化迅速的時代）我們可能很悲哀地了解到，我們信賴的竟是業已失去效準的定律。[50]

49　所謂「知識社會學」亦基於同一推論，本書「卅二、體制性的進步理論」以上及拙著：《開放社會及其敵人》（Open Society and Its Enemies）第廿三章，曾予以批評。

50　曼漢在《人與社會》（Man and Society in an Age of Reconstruction）頁一七八寫道：「明智地觀察社會世界的外行人」，「在平靜的時期中，無論如何，他不可能就普遍抽象的社會定律與只得之於一特定時代之特殊原理，有所區別，因為在變動極微的時期，對觀察者而言，這兩個型式間的分歧，並非明白可見。」曼漢把得自某一時代的特殊原理，稱之為「中介原理」（pnincipia media）；參見本章附註五

　　如果歷史主義者的看法僅止於此，沒有更進一步，那麼我們只能責備他，說他小事費大勁。但是很不幸的，他卻另有主張。他堅持道，這個境況造成了自然科學內不會發生的困難；尤其是與自然科學對比，在社會科學裡面，我們千萬不可假設：我們已經發現了真正普遍的定律，因為我們絕不可能知道，它在過去是否皆能成立（因為我們的記錄可能不夠），或它在未來是否也總能成立。

　　我反對這項聲言，我不承認，上面所述的境況是社會科學獨有的，或它造成了任何特殊的困難。相反的，我們物理環境上的變化，它所產生的經驗，跟我們的社會或歷史環境上的變化所產生的經驗，非常相像。日夜的交替，乃是最明顯而且人盡皆知的規律性，還有比這更明顯的嗎？然而如果我們穿過極帶圈，則這規律便被打破了。拿物理經驗來與社會經驗相比較，或許略有困難，但是我認為這種破規情形之令人驚異，並不亞於社會領域內很可能發生的破規情形。再舉個例，一九○○年克里特島的社會環境，與三千年前該島的社會環境，兩者間的不同，很難說會大於克里特島與格陵蘭島間地理或物理環境上的差異。毫無準備而突然間從此一物理環境移至另一物理環境，其所產生的重大結果，極可能大於社會環境內相對當的變動所產生的結果。

　　在我看來，歷史主義者明明高估了不同歷史時期間的可觀差異，而卻低估了科學發明創新的可能性。克卜勒（Kepler）發現的定律，的確只對行星系統有效，但這些定律的有效性，並不限於克卜勒所生存並觀察的那個太陽系統。[51]為了要觀察慣性定律的重要性，牛頓並不

　　十二。至於「在一個社會結構徹徹底底發生變化的時代中」，其情況又是如何，參見曼漢前引書頁一七九以下。

51　穆勒拿克卜勒定律作為「中介公理」（axiomata media）的例子，他沿用培根

必退守到宇宙的某一部分，此處他可以觀察那些免於引力和其他力之影響的運動星體。在另一方面，雖然在這一系統內，沒有星體根據慣性定律而運動，但它並不喪失它在太陽系內的重要性。同理，何以我們不能形成對所有社會時期皆重要的社會學理論，似亦毫無理由可言。這些社會時期彼此間有可觀的差異，這並不是我們不能發現這種定律的指標，猶之乎格陵蘭島與克里特島之間的可觀差異，並不證明說沒有任何在這兩個地區內皆可成立的物理定律。相反的，這些差異似乎都是皮毛表相（如像習慣、歡迎方式、儀典等的差異），至少在某些情況下是如此；而那些屬於某一歷史時期或某一社會而具有其特徵的規律性，多少也這樣。（現在有些社會學家把此類規律性稱之為中介原理）[52]

（Bacon）的詞語。理由是：這些定律並不是一般性的運動定律，而只是（近乎）行星運動的定律。見《邏輯》（*Logic*）第六篇第五章第五節。相類比的社會科學「中介公理」將是特定一種「社會系統」皆可成立的定律，而不是某一歷史時期較為偶見的規律性。例如，後者或可比擬為我們太陽系內諸行星的羅列狀況之規律性，而非克卜勒的定律。

[52] 曼漢前引書頁一七七介紹principia media一語時，提到穆勒（其實他說的是axiomata media，見前註），曼漢用該詞是在指我所謂「限於某一具體歷史時期的通則，我們相關的觀察即是在這一時期中做的。」例如他說（見曼漢前引書頁一七八；又參考本章附註五十）：「明智地觀察社會世界的外行人，主要是藉無意識地運用此種principia media來了解事件的」，這些是「……僅得自於某一時代的特殊原理。」曼漢界定他的principia media說，他們「分析到最後，當他們自某一時某一地運作的不同因素中加以整合時，他們便是某一具體環境內的普遍諸力——係一種特殊的環境組合，可能再也不會重覆了。」曼漢說他並不追隨「歷史主義、黑格爾主義、馬克思主義」於「把普遍因素列入考慮」上的失敗（前引書頁一七七）。準以論，則他的立場是：一方面堅持通則之重要性限於具體或個別的歷史時期；一方面又承認，我們藉「抽象方法」，或可從此往前進為「包含於這些通則內的一般原理。」（我反對這個觀點，我不相信：對習慣、司法程

對於這點，歷史主義者可能回答說，社會環境的差異，比物理環境的差異更為根本；因為如果社會變化了，人也隨著變化；而這又意含所有規律性皆有一變化，因為所有規律性均靠在人性之上，人性是社會的原子。我們的答覆是：物理原子也是隨著他們的環境而變化（例如受到電磁場等的影響），這並不是抵抗物理學定律，而是符合這些定律。此外，所謂人性之變化，其重要性是頗為可疑的，並且極難予以估計。

現在我們轉而討論歷史主義的另一個看法，即在社會科學裡頭，我們絕對不可假設我們業已發現了一個真正普遍的定律，因為我們不能確定，它的效準性是否擴張到我們觀察該定律成立的時期之外。這點或可予以承認，但只當它亦同樣適用於自然科學，我們才承認。在自然科學裡，很明白地，我們向來不能確定，我們的定律是否真正地普遍有效，或者他們是否只能於某一特殊時期內成立（也許只在這個宇宙擴張的期間內），或只在某一特定區域內成立（也許只在相當微小的磁場內）。雖然我們不可能確定他們的普遍效準性，但我們在把自然定律化成公式時，並沒有加上一個條件說，他們只在觀察所及的時間內始能成立，或只在「現行的宇宙時期」內始能成立。如果我們加上這樣一個條件，並不表示我們在科學上的謹慎態度值得頌揚，而是表示我們不了解科學的程序。[53]因為在科學方法之中，有一個重要的

序等規律性加以抽象，便能得到更具一般性的理論，根據曼漢在前引書頁一七九所舉的例子，則這些規律性即構成了他的principia media。）

53　人們常常建議，與其徒勞無功的想在社會學內效響物理學的榜樣，以及徒勞無功的去追求普遍的社會學定律，還不如在物理學中仿傚歷史主義社會學的榜樣。也就是說，運用限於歷史時期的那些定律。急欲強調物理學與社會學之統一的歷史主義者，尤其傾心於這類路線的思考。參見紐拉特（Neurath）的論文（刊於 *Erkenntnis*, vol.VI, p.399）。

假定，即我們應追求其效準範域不受限制的定律。[54]如果我們承認：定律本身也受制於變化，那麼我們就絕不可能用定律來解釋變化。它必然承認變化簡單就是奇蹟。而且它必然成為科學進步的終點，因為即使做了未經預期的觀察，我們也無需修正我們的理論，因為定律已生變化這個特設的（ad hoc）假說，必將「解釋」一切。

這些論證之在社會科學上能成立，不亞於在自然科學內之能成立。

我對歷史主義中較為根本的反自然主義學說所做批判，到此為止。在進而討論較不根本的學說之前，我將討論歷史主義中贊成自然主義的學說之一，具體講，即主張我們應尋求歷史發展定律的學說。

54　就是這同一條假定，使得物理學家要求對遠處星雲的紅光應予解釋；因為如無這條假定，只要假設原子的頻率隨著時間或宇宙的不同界域而不同，即已足夠。同時，也正是這條假定，使得相對論在表達運動定律——如加速度定律等——時，對高速度與低速度皆等而視之（或強磁力場與弱磁力場一視同仁），而且對為了不同速度（或引力）領域而特設的假設，表示不能滿意。關於「自然定律之不變性」的假設，以及它之反對「自然之一致性」的假設，參閱拙著：《科學發現的邏輯》（*Logic of Scientific Discovery*）第七十九節。

第四章
親自然主義的學說之批判

廿七　有進化定律嗎？定律與趨勢
（Is There A Law of Evolution? Laws and Trends）

　　我所謂歷史主義中「親自然主義的」學說，與它那反自然主義的學說，有許多共同的地方。例如，他們都受到有機論的思考之影響，他們都源自對自然科學方法的一種誤解。由於他們代表了想仿傚這些方法的一種被誤導的努力，我們或可稱之為「唯科學是尚論的」（依海耶克教授的定義[1]）。他們與反自然主義的學說，同樣是歷史主義的特點，也許甚至比後者更為重要。切近地講，認識社會科學的職責是在裸露社會的進化定律，以便預告它的未來（本書「十五、歷史預言相埒於社會工程學」至「十七、詮釋的相埒於計劃的社會變化」曾申論這一觀點），這項信念，或可稱之為歷史主義的中心學說。因為，對歷經一長串時期的社會持有這種觀點，一方面，產生了變化的社會世界與不變的物理世界之對比，因而促成了反自然主義。另一方面，這同一個觀點，也產生了對所謂「自然的持續定律」之親自然主義和唯

1　見海耶克：〈唯科學是尚論與社會研究〉，刊於*Economica*, N.S., vol.IX，特別是頁二六九。海耶克教授使用「唯科學是尚論」一詞來指「奴才式的仿傚科學方法與科學語言」。此地我用此詞，是指對某些人誤以為的科學方法與語言加以模仿。

科學是尚論的信念,在孔德與穆勒的時代,天文學的長程預測可謂支持了此一信念,稍後的達爾文主義(Darwinism)也支持它。的確,晚近盛行的歷史主義,或可視之為流行的進化論之一部分。進化論這種哲學,大體上由於高明的科學假說與古老的形上學理論間的激烈衝突,使其影響更見增大。所謂科學假說,是指對地球上不同類動植物的歷史所做的假說,形上學理論則指一既存宗教信仰的一部分。[2]

我們所謂進化的假說,乃是藉相關的生物形式為同源這一假設,[3]而對生物學上和古生物學上的許多觀察,例如不同種與類之間的特定相似處,所做的一種解釋。雖有一些普遍的自然定律——諸如遺傳律、隔離律、突變律——摻入其中,但這一假說並不是一個普遍的定律。它具有一種特殊的(單稱的或專指的)歷史陳述之特性。(它的地位如同此一歷史陳述:「查理·達爾文與法蘭西斯·高爾頓有共同的祖父」。)進化的假說並不是一個普遍的自然定律,[4]而是一個特殊

---

2 雷文(Raven)教授在《科學、宗教與未來》(*Science, Religion, and the Future,* 1943)一書中,稱這一衝突為「維多利亞茶杯內的一場風暴」,我很同意;不過,他還很注意茶杯噴出的霧氣——即柏格森(Bergson)、懷德海(Whitehead)、史末資(Smuts)等人提出的進化論哲學的偉大系統,使得他這一評斷的力量,稍微受損。

3 進化論者對進化論抱一種激情的態度,對於凡不跟他們抱持相同態度的人,即懷疑其為反開化論者,進化論者以為進化是「對傳統思想大膽而革命性的一個挑戰」。我對這種懷疑他人的傾向不無驚怕之感,此地我最好說,我從現代的達爾文主義中,看到了對相關事實最成功的解釋。沃丁頓說(見《科學與倫理》(*Science and Ethics*)頁十七):「我們必須接受進化的方向是好的,只因為它是好的,」這段話把進化論者的激情態度表白無遺;這段話同時也說明了一件事實,即柏納爾(Bernal)教授對達爾文爭論(前引書頁一一五)所做具有啟示性的評論,至今仍很恰當,他說:「並不是……不得不去對抗一個外在的敵人——教會;而是科學家本身之內……有這個教會。」

4 甚至「所有脊椎動物都具有一個共同祖先」這種陳述,雖然含有「所有」一詞,

的（更精確地講是單稱的）歷史陳述，關於陸生動植物之祖源的歷史
陳述，這是事實，但卻因為我們使用「假說」一詞，往往是特別給它
普遍的自然定律之地位，遂使其略呈晦而不明。但是我們不應忘記，
我們也常常在另一個不同意義下使用假說一詞。舉例講，以假說來稱
呼某一試驗性的醫療診斷，無疑是正確的，雖則此一假說是單稱性和
歷史性的，而不具有普遍定律的特性。換言之，所有自然定律都是假
說，我們不得因為這件事實而忽視了下面的事實，即並非所有假說皆
是定律，一般而言，尤其是歷史的假說，乃是對某一事件或一組這類
事件所做的單稱陳述，而非全稱陳述。

但是真能有一個進化定律嗎？能有赫胥黎意指下的一個科學定律
嗎？當他寫道：「……科學遲早……會擁有關於有機體形式的進化定
律——即因與果之大鏈索的不變秩序，一切有機體形式，不管是古代
的或近代的，均是此鏈索中的環節……凡是懷疑這點的人，必然是一
位半吊子的哲學家……。」[5]

也不是一個普遍的自然定律；因為它指的是地面上存在的脊椎動物，而不是指任
何時地具有我們認為是脊椎動物特徵的體質之一切有機體。參見拙著：《科學發
現的邏輯》（*Logic of Scientific Discovery*）第十四節以下。

[5] 見赫胥黎（T. H. Huxley）：《凡人證道詞》（*Lay Sermons*, 1880）頁二一四。赫胥
黎對（不可避免的）進步定律這個觀念，抱著高度批判性的態度，從這個觀點
看，他之信仰進化定律是很令人注目的。其解釋在於：他不僅嚴格區分自然進化
與進步，而且認為（我想這是對的）兩者關係甚少。小赫胥黎（Julian Huxley）
對他所稱「進化的進步」做了很有趣的分析，雖則顯然是有意把進化與進步連結
起來，但在我看，所增無幾。（見《進化論》〔*Evolution*〕, 1942, p.559 ff. 以下）
因為他承認，進化雖然有時是「進步的」，但往往不是如此。（關於這點以及赫
胥黎對「進步」下的定義，見本章附註廿六）就另一方面來說，每一「進步的」
發展或可視為是進化的，這件事實與老生常談相差無幾。（優勢型態的交替要進
步的——依他所立進步之意義，可能只是意味說，我們習慣把「優勢型態」一
詞適用於最成功的型態，這些型態又是最「進步的」。）譯註：其實，evolution

　　我相信，這個問題的答案必然是「不」，想在進化中尋求「不變的秩序」之定律，不能列入科學方法的範圍內，不論是生物學或社會學。我的理由非常簡單。因為，地球上的生命進化，或人類社會上的進化，是個獨一無二的歷史進程。我們或可假設，此一進程依據所有各種因果律而行進，例如力學、化學、遺傳與隔離、自然淘汰等定律。然而，此一進程的描述並不是定律，而只是一個單稱的歷史陳述。如赫胥黎所言，普遍定律是對某一不變的秩序——即關於某一種事物的所有程序——有所主張；雖則我們找不出理由說，何以對某一單獨例子的觀察，不應促使我們去形成一個普遍定律，如果我們很幸運，也沒有理由說我們甚至不會命中真理，但是很明顯的，任何依此一方式或其他方式而形成的定律，在它被科學鄭重地予以採納之前，必須經過新例子的驗證。如果我們僅限於觀察某個獨一的進程，那麼我們無從希望去驗證某一普遍假說，也無從希望去發現某一科學所能接受的自然定律。對某個獨一進程觀察之所得，也不會幫助我們預見它的未來發展。對某一成長中的幼蟲做最仔細的觀察，不會幫助我們預測牠在未來會轉化成蝴蝶。此處我們所關心的主要是人類社會，如果把這個觀點適用到人類社會的歷史上，則費雪（H. A. L. Fisher）已把我們的論證用公式表示出來了，他說：「有人……曾在歷史中辨識出一個情節、一個韻律、一個預定的模式……我所能見到的只是一個緊急關頭隨著另一個出現……關於這些，其中只有一大事實，即由於它是獨一無二的，其中絕不可能有通則……。」[6]

　　自亦可譯為「演化」，如把本書中的「進化」一詞改成「演化」，或許更易理解作者的意思。不過西方人也常常誤以為evolution含有「進步的」意義，因此中譯仍保留了「進」這一字，請善加留意。

6　見費雪：《歐洲史》（*History of Europe*, vol.I, p. vii）；並見海耶克前引論文，刊於*Economica*, vol.X, p.58。他對那企圖「在獨一與單稱的歷史現象之接替中，找

　　相信進化定律的人，如何對抗這個反對論調？我想基本上他們可以採取兩個立場：（a）把我們認為進化歷程是獨一的看法，予以否定；（b）聲言說即使進化歷程是獨一的，我們仍可在此一歷程中，辨識出一個趨勢、傾向或方向，從而我們可以形成一個陳述這一趨勢的假說，然後由未來的經驗來驗證此一假說。（a）與（b）這兩個立場，彼此並不互相排斥。

　　（a）立場不啻是回到一個很古老的觀念，即出生、幼年、青年、成年、死亡這生命循環（life-cycle）的觀念，這個觀念不只適用於個別的動植物，而且也適用於社會、種族甚至是「整個世界」。柏拉圖在詮釋希臘城邦及波斯帝國之衰弱與沒落時，就使用過這個古老學說了。[7]後來馬基維利、維柯（Vico）、史賓格勒（Spengler）都曾用過，最近湯恩比（Toynbee）在他那氣象浩大的《歷史研究》（*Study of History*）中，也用了這個學說。從這個學說的觀點講，歷史是重覆的，我們可研究某一種動物的生命循環，我們也可拿同一方式來研究文明的生命循環律。[8]依此一學說，則我們根據進化或歷史進程之獨一

　　尋定律，而就其本質而言，這些定律是不可能找到的」，海耶克抨擊此一企圖。

7　柏拉圖在《政治家篇》（*The Statesman*）中描述盛年（Great Year）的循環，他是根據我們生存於衰退季這個假設而出發的，他在《理想國》（*The Republic*）把這個學說適用到希臘城邦的進化，在《法律篇》（*Laws*）則把它適用到波斯帝國。

8　湯恩比教授堅持謂，他的方法係在經驗地探討廿一個生物學上「文明」種的樣本。但是他在採用這個方法時，對費雪所提的論證（見前引），似乎沒有予以對抗的欲圖，幾乎對他毫無影響似的；至少，他對這個論證加以評論時，只說這表示了「現代西方對機運（chance）全能至上之信仰」而已，如此便滿意地棄之不顧，見《歷史研究》（*Study of History*）第五卷頁四一四，我看不出他有任何對抗的欲圖。我不以為這種說法對費雪是公允的，因為他在前引一段話後接著又說：「……歷史的扉頁上寫滿了進步的事實；但進步並不是一個自然定律。前一代所取得的基礎，後一代人可能失去它。」

性所做的反對論調，便失去了它的力量，這是該說的結果之一，雖則其首倡者，幾皆本無此意。現在，我無意否認：（我覺得前引費雪教授的話也無意於此）就某些方面言，歷史可能會重覆；也無意否認：某些特定型態的歷史事件，有先後相稱的情形，例如古希臘與現代暴政之興起，這對研究政治權力社會學的學者，意義重大。[9]但是很明顯的，所有這些重覆例子，他們所涉入的情況大為不同，而這些大為不同的情況，對更進一步的發展可能發揮重要的影響力。因之，我們不具備任何有效的理由去預期：某一歷史發展的明顯重覆，亦將繼續沿著它的原本型式而平行前進。一旦我們信仰了生命循環重覆定律——這是由類比思考而達成的信仰，或繼承自柏拉圖，則我們肯定幾乎在每個地方皆可找到歷史的印證。但這不過是許多似乎得到事實印證的形上學理論之一而已，如果我們更密切地檢查這些事實，便會發現，他們竟是根據所要驗證的理論而挑選出來的事實。[10]

9　在生物學上，一旦進化（例如不同種）之多重性，被拿來當作通則的基礎，則其處境類似。但是這種對多種進化所做的比較，僅只描述了進化程序的型態而已。社會史的處境亦同。我們可能發現，某些事件型態在此或在彼重覆，但從這樣一種比較中，得不出描述所有進化程序之過程或一般性的進化過程的定律。（如進化循環定律）參見本章附註廿六。

10　一個理論只當我們不能找到否定它的事實，而不是我們能夠找到支持它的事實時，才算是被證實了，理由之一即是，幾乎每個理論都可說是符合許多事實。見本書「廿九　方法的統一」，並參考拙著：《科學發現的邏輯》（*Logic of Scientific Discovery*），尤其是第十章。湯恩比教授號稱研究他所謂「文明種類」之生命循環的經驗性探討，我相信可當作例子以供此處批評之用。他似乎忽視了一件事實，即他歸類為文明者，只是那些符合他生命循環這先驗信仰的實體而已。例如，湯恩比之比較「文明」與「原始社會」（前引書第一卷頁一四七～一四九），用以建立二者不屬於同一「種」的學說，雖則二者可能屬於同一「屬」。但他做此種分類的唯一基礎，竟是透入文明之本質的一種先驗的直觀。他認為兩者明顯地有所不同，正如大象與小兔之不同一樣，如果我們考慮到聖伯納大狗與小北京

　　現在我們轉向討論（b）立場，這個立場相信，我們或可辨識和推算出某一進化運動的趨勢或方向，此地不妨先行指出，這一信仰曾經影響並用來支持那代表（a）立場的循環假說。例如，湯恩比教授曾以下面的觀點支持（a）立場，而這個觀點實係（b）立場的特點，他說：「文明並不是靜態的社會狀況，而是一種進化的動態運動。他們不僅不能靜止不動，而且如不打破他們本身的運動定律，則不可能倒轉他們的方向……」[11]這段話中幾乎包含了所有我們常在（b）立場陳述中找到的要素：如社會動力學的觀念（相反於社會靜力學）、社會進化運動的觀念（受到社會力的影響）、方向觀念（以及進程與速度觀念），據說如不打破運動定律，則此種運動的方向不能倒轉。文字上方凡是加黑點的，全是從物理學借用到社會學的術語，他們之被採用，引起了一連串生吞活剝的誤解，但極可代表唯科學是尚論之誤用物理學與天文學上的例子。一般公認，這些誤解在歷史主義的工廠外，顯然並沒有造成多少損害。例如，經濟學使用「動力學」一詞（即現在很時新的「總體動力學」〔macro-dynamics〕），即無人反對，即便不喜歡這個詞語的人也必須承認。但甚至是經濟學之使用該詞，也是得自孔德，他企圖將物理學之區分靜力學與動力學，適用到社會學上，而毫無疑問的，在這一企圖的背後卻有一個巨大的誤解。因為社會學家稱為「靜態的」那種社會，恰好相當於物理學家必將稱為「動態的」那些物理系統（雖則是「定著的」）。太陽系就是一個典型的例子，就物理學家所定的意義講，它是一個動態系統的範型；但是由於

犬的例子時，他這種直觀論證的弱點即很清楚明白。這整個問題（即文明與原始社會是否屬於同一種）是不能接受的，因為它奠基於唯科學是尚論的方法，該方法之對待人的集體組織，有若視之為物體或生物體。雖然這個方法迭受批評（如前引海耶克教授的論文），但從未得到妥當的答覆。

11　湯恩比前引書第一卷頁一七六。

它是重覆的（或「定著的」），由於它不成長或發展，由於它並不顯示任何結構上的變化（除那些不列入天體動力學領域的變化，此地或可予以忽略），毫無疑問的，它相當於社會學家必將稱為「靜態的」那些社會系統。這點非常重要，與歷史主義的聲言很有關係，天文學上長程預測的成功，完全靠在太陽系這種重覆性，以及社會學家意義下的靜態的特性——靠在這一事實，亦即在此我們或許可以忽視一歷史發展的任何徵象。假定對一靜止系統所做的這些動態的長程預測，可作為非靜止的社會系統的巨幅歷史猜想之所以可能的根據，這確定是一大錯誤。

　　上面列舉從物理學應用到社會的其他術語，也含有類似的誤解。這種應用通常沒有害處。例如，如果我們把社會組織、生產方法等的變化，描述為運動，並無害處。但是我們應該明白，我們只是使用隱喻，而且是易滋誤會的隱喻。因為，在物理學上，如果我們說到某一物體或某物體系統的運動，我們並不意含該物體或系統經歷了任何內在或結構上的變化，而只是意味說，它更改了它與某一（任意選取的）協作系統的相對位置。與此相反，社會學家所說的「社會運動」，意思卻是某一結構上或內在的變化。職是之故，社會學家將假設，一個社會運動得藉諸力來解釋，而物理學家只假設運動的變化需如此解釋，並非此種運動需如此解釋。[12]社會運動的速度、軌道、進程、方向等觀念，若只是用來傳達某種直觀的印象，也同樣不會有害處；但是如果與某些科學的藉口一道使用，那麼他們便成了唯科學是尚論的行話，或更確切地講，是有機論的行話。可計量的社會因素所發生的任何一種變化，例如人口的成長，或可以圖形如軌道來代表，就像一個

12　這是因為慣性定律所使然。想藉畢達哥拉斯公理的幫助來計算政治「力」，即是典型的「唯科學是尚論的」企圖，見本書第三章附註九。

移動物體所經過的路線一樣。但很明顯的，這樣一種圖表，並未描述
人們所謂社會運動的意義——只要考慮固定的人口經歷過劇烈的社會
騷亂即可了解。當然，我們可以把這類圖表合併為多元空間的例圖，
但這樣併合的一個圖表，並不能說它代表了社會運動的路線，它並不
比各個單一圖表合起來更富說明力，它並不代表「整體社會」的任何
運動，而只代表所選現象的變化情形而已。社會運動這個觀念本
身——即認為社會有如物體，可沿著某一路線和某一方向而整個移
動——只是一個有機論的混淆而已。[13]

更特別的，希望我們總有一天會找到「社會的運動定律」，如同
牛頓發現了物體的運動定律，這個希望無非是這些誤解所帶來的結果
罷了。由於沒有任何相似或類比於物體運動的社會運動，所以絕無此
種定律。

但是有人又會說了，在社會變化中存在有趨勢或傾向，幾乎是無
可懷疑的，每位統計學家皆可計算出此種趨勢。難道這些趨勢不能比
擬為牛頓的慣性定律嗎？其答覆是：趨勢是存在的，或更精確地講，
趨勢這個假設通常是很管用的統計手法，但是趨勢並不是定律。指涉

13　談論「運動」、「力」、「方向」等所造成的混淆，美國歷史學家亨利·亞當斯
　　（Henry Adams）可作為衡量標準，他鄭重其事的希望藉安置歷史軌道上的兩個
　　定點的位置，以決定歷史的進程，其中一點位於十三世紀，另一點則位於他的時
　　代。他自己提到他的構想時說：「藉這兩點的幫助……他希望把他的線條向前與
　　向後無限地投影成形……」，他辯稱，因為「任何一位學童都知道，人作為一個
　　力，必須就他自某定點所做的運動來予以計算。」（見《亨利·亞當斯的教育》
　　〔The Education of Henry Adams〕，1918, p.434 ff.）比較晚近的例子，我可引用沃
　　丁頓的評斷為例，他說「一個社會系統」乃是「其存在基本上含有沿一進化途徑
　　而做的運動的某種東西」（見《科學與倫理》（Science and Ethics）頁十七），而「科
　　學對倫理之貢獻，其本質……是它透露了整體社會內進化過程的本質、特性及方
　　向……」（前引書頁十八）。

某一趨勢之存在的陳述,是存在陳述而非全稱陳述。(另一方面,一個普遍定律並不指涉存在;相反的,正如本書「二十、研究社會學的技術性途徑」末所說,它指涉的是某一事物或其他事物的不可能性。)[14]指涉在某一時地的趨勢之存在的陳述,必然是一個單稱的歷史陳述,而不是一個普遍定律。這一邏輯處境在實際上有很大的重要性:我們或可根據定律做出科學的預測,但我們不能僅僅根據趨勢之存在去做出科學的預測(每位謹慎的統計學家都知道這點)。持續了數百或數千年的一個趨勢(再舉人口的成長為例),可能在十年或更短期間內發生變化。

定律與趨勢是大為不同的兩回事,[15]指出這點頗為重要。我們習慣把趨勢與定律相混淆,二者又與我們對趨勢(如技術的進步)的直觀觀察相混淆,這些混淆,鼓舞了進化論和歷史主義的中心學說——即生物進化的無情定律與社會運動的不可倒轉定律等學說,這點少有可懷疑之處。孔德的持續定律,是一個現在仍很有影響力的學說,同樣也是受到這種混淆與直觀之鼓舞。

自孔德、穆勒以來,共存定律(laws of coexistence)與持續定律(laws of succession)間的區別,就一直很有名,前者據說相當於靜力學,後者相當於動力學,這個區別或可合理地依下述方式來解釋,也就是說,它是包含時間概念的定律(例如談到速度的定律)與不包含

14　參見拙著:《科學發現的邏輯》(*Logic of Scientific Discovery*)第十五節,該節所舉理由,是在說明存在陳述是形上學的(意即非科學的);同時亦請參見本章附註廿八。

15　然而,一個定律可能聲稱:在特定情況下(先決條件),將可發現特定趨勢;再者,趨勢經過這樣解釋後,我們便有可能形成相應於該趨勢的一個定律;亦請參見本章附註廿九。

時間概念的定律間之區別，[16]但這不是孔德及其徒眾心裡的意思。當孔德說到持續定律時，他所想的是：我們觀察的秩序中一串「動態的」現象，決定其持續情形的定律。現在重要的是要了解，孔德所認知的「動態的」持續定律，根本不存在。這些定律不存在於動力學（我的意思是指動力學）。自然科學領域內最接近該定律的途徑——可能也是孔德心目中所以為的——乃是四季的自然週期、月的盈虧、日蝕的覆現或鐘擺的來回運動。但這些週期，在物理學上必將稱之為動態的（雖則是定著的〔stationary〕），而就孔德所定的意義，則必將是「靜態的」而非「動態的」；而且無論如何，它們幾乎很難被叫作定律（因為它們依靠於太陽系內盛行的特殊條件／狀況，詳見下節）。我將把它們稱做「準持續定律」。

　　要點在於：雖然我們或可假設，諸現象的任何一個持續，均根據自然定律而進行，實際上沒有任何三個以上因果地關聯的具體事件之交替，會根據任何一個自然定律而進行的，這點了解很重要。如果大風搖撼著一棵樹，於是牛頓的蘋果掉落到地面上，沒有人會否認這些事件可根據因果律來說明。但是沒有任何一條定律如引力律，甚至沒有任何一組定律，可用以說明因果關聯諸事件間實際或具體的持續；除了引力律外，我們還得考慮解釋風壓的定律、樹枝的震動情形、蘋果莖梗的張力、蘋果觸地後的受損情形、受損後所連帶發生的種種化學程序等等。認為任何具體的事件之交替或持續（除鐘擺或太陽系的

16　下面這點也許值得一提，即均衡經濟學毫無疑問的是動態的（即依相反於「孔德式的」意義之「合理的」意義），雖則於其等式中不包括時間在內。因為這個理論，並沒有說均衡狀態隨地皆可實現，它僅是說，每一干擾（和無時不發生的干擾）之後都有一個調整——即趨向於均衡的「運動」跟隨它。在物理學上，靜力學是研究平衡的理論，而不是研究朝向均衡的運動之理論，一個靜態系統是不移動的。

運動等例子外），皆可由某一定律或某一組定律來予以說明或解釋，這個觀念簡直就是錯誤的。根本沒有持續定律，也沒有進化定律。

然而孔德或穆勒卻的確預想到，他們那歷史持續定律，乃是決定歷史事件於其實際發生順序中的交替之定律。當穆勒提到某一方法「藉著對歷史的一般事實從事研究和分析，以求發現……進步定律；這個定律一旦確立以後，必然……使得我們能夠預測未來的事件，正如根據代數中幾個有關無限級數的術語，我們便能查到這些級數之形成的規律原理，並預測此一級數的所餘其他數字，隨我們高興去預測任何數字」，[17]從他這個態度中，可以看出他的想法。穆勒自己對這個方法抱批評的態度，但是他的批評（見本書「廿八、化除法、因果解釋、預測與預言」開頭），卻充分承認，我們有可能發現這相當於數學系列的持續定律，雖則他也表示，「歷史呈現在我們面前的……持續順序」是否充分地「嚴密的一律」，而可與數學系列相比擬，[18]他有所懷疑。

現在我們已經知道，根本沒有決定此種「動態的」事件系列的持續之定律。[19]另一方面，可能卻有這種「動態」性的趨勢，例如人口的增加。因此，有人便會揣測，當穆勒談到「持續定律」時，他腦子裡想的乃是此種趨勢。穆勒把他的歷史的進步定律說成是一個趨向，印證了這一揣測。在討論這一「定律」時，他表示「我相信……除偶發

17　穆勒：《邏輯》（*Logic*）第六篇第十章第三節。關於穆勒對一般的「進步效果」所提出的理論，參考該書第三篇第十五章第二節。

18　穆勒似乎忽視了一件事實，即只有最簡單的算術和幾何級數，才能以「少數幾個術語」即可推算出他們的「原理」。我們很容易建構一個較為複雜的數學系列，幾千個術語也不足以發現其建構定律，即使大家都知道其中有這樣一種定律。

19　最接近此種定律的途徑，見本書「廿八、化除法、因果解釋、預測與預言」，尤其是本章附註廿九。

和暫時的例外情形，一般的趨向是一個改進的趨向——即朝向一個更幸福更美滿的狀態的一個趨向。這……是……科學的一個公理」（指社會科學的公理）。不過穆勒應該認真討論下一問題，即「人類社會的現象」是否「在一個天體軌道內」打轉，或者他們是否沿著「彈道線」而進步地移動，[20]這個問題跟定律與趨勢的基本混淆是相一致的，和認為社會可像行星一樣的整體「移動」這有機論的觀念，也相一致。

為了避免誤解，我希望大家明白，我相信孔德和穆勒對哲學與科學方法論貢獻很大；我尤其想到孔德之強調定律與科學的預測，他對本質論者的因果論所做之批判，以及他和穆勒之提出科學方法統一的學說，都是偉大的貢獻。然而我也相信，他們提出的歷史持續定律的學說，無非是把誤用的隱喻加以收集而已。[21]

20　見穆勒前引書。穆勒區分「進步」一詞的意義為二。廣義言，它相反於循環的變化，但不意含改進。（在前引書第三篇第十五章，他比較詳細地討論了此種意義下的「進步的變化」。）狹義言，它意含改進。他教導我們說，廣義的進步之接續是一個方法問題（我不了解這點），而狹義的進步之接續則是社會學的公理。

21　在許多歷史主義者和進化論者的作品中，我們往往無從發現，究竟什麼地方是隱喻的終點，什麼地方是嚴肅理論的起點（例如本章附註十、十二、十三）。同時我們必須面對一項可能性，即有些歷史主義者可能否認隱喻與理論間有任差異。例如下面引自心理分析學家史提芬（Karin Stephen）博士的話：「我得承認，我試圖予以推進的現代解釋法，可能依舊不過是一個隱喻而已……我不以為我們應該感到慚愧……因為科學的假說事實上均奠基於隱喻。不然的話，光波論又是什麼呢？……」（轉引自沃丁頓《科學與倫理》（Science and Ethics）頁八〇。亦請參看頁七十六討論引力的地方）。如果科學方法仍然是本質論的方法，亦即提出「它是什麼？」等問題的方法（見本書「十、本質論相垺於名目論」），如果光波論是本質論的陳述，即光是一個波的運動，那麼此一評斷可謂言之成理。但是真相卻在於：心理分析大體上還是本質論與隱喻的，光波論則不如此，這是二者間的主要不同。

廿八　化縮法、因果解釋、預測與預言
（**The Method of Reduction. Causal Explanation.
Prediction and Prophecy.**）

就某一個重要的方面講，我對歷史的持續定律這個學說所做的批判，仍然不算是完結的定論。我所已說明的是，歷史主義者在事件之持續即所謂歷史中辨識出的「方向」或「趨向」，並不是定律，而是趨勢。並且我曾指出，相反於定律的趨勢，一般而論，何以不能當作科學預測的基礎。

但對這項批判，孔德與穆勒——我相信他們只在這點上算是歷史主義者——仍能提出一個答覆。穆勒可能承認，定律與趨勢是有許多混淆，但他可以提醒我們，對那些把「歷史持續的一律性」誤以為是真正自然定律的人，他自己也曾予以批評。他曾經很小心地強調，此種一律性「只能當作是一個經驗的定律」[22]（這個術語有點誤導）；在還沒有「藉先驗的演繹而與歷史證據相符」之前，不應安然把它化除為具有真正自然定律的地位。而且他可能還會提醒我們，他甚至曾經訂下一條「絕不可犯的誡條，即除非能夠指出充分的基礎，否則絕不可自歷史中推介任何通則到社會科學上」[23]——也就是說，從一些真

22　本句及下句引自穆勒：《邏輯》（*Logic*）第六篇第十章第三節。我認為「經驗的定律」一詞很不恰當（穆勒用該詞以指通性程度較低的定律），因為所有的科學定律都是經驗的：他們皆是根據經驗的證據為基礎而被接受或捨棄。（關於穆勒的「經驗的定律」，請參考前引書第三篇第六章及第六篇第五章第一節）孟格爾（C. Menger）接受了穆勒的區分，他拿「精確定律」來與「經驗定律」對立，見其《全集》第二卷頁卅八以下及頁二九五以下。

23　穆勒前引書第六篇第十章第四節；又參見孔德：《實證哲學》（*Cours de philosophie positive*, IV, p.335）。

正的自然定律中演繹出來，而這些自然定律是可以獨自成立的（他心
目中的定律是那些「人性」定律，即心理學）。對這種把歷史的或其
他的通則化縮為一組通性更高之定律的程序，穆勒稱之為「反逆演繹
法」，並把它看作是唯一正確的歷史與社會學的方法，大力予以宣揚。

我得承認，穆勒這一答覆有點力量。因為如果我們能把趨勢成功
化除為一組定律，那麼我們如同定律一樣的使用這一趨勢，作為預測
的基礎，便可言之成理。這樣一種化縮法或反逆演繹，還需要相當時
日才能把定律與趨勢間的鴻溝填補起來。此外，穆勒的「反逆演繹」
方法，恰當地描述了一切科學都使用的程序，不僅是社會科學而已，
遠超過穆勒的估計，這件事實使他的答覆更形有力。

雖然我承認這些，但是我相信，我的批判仍舊是正確的，歷史主
義者基本上把定律與趨勢相混淆，實在是無從辯護。但是為了說明這
點，我們需要仔細分析化縮法或反逆演繹法。

我們可以說，在科學發展的每一片刻中，它均面對著問題。正如
某些方法學者所相信的，它不能以觀察或「收集資料」為起點。在我
們能夠收集資料之前，我們必須先對某類資料引發興趣：問題總是頭
一個到。轉過來講，問題也許可能由實際上的需要、科學的或先於科
學的信念所提出，基於某一或其他理由，這些實際需要或信念看來有
修正之需要。

現在可以看出，一般而言，科學問題是由於解釋上的需要而產生
的。我們追隨穆勒，也把解釋分成兩大類：一是對個別或單稱的特殊
事件之解釋，一是對某一規律性或定律之解釋。穆勒的說法如次：「一
個個別事實據說是藉指出它的原因以為解釋，亦即是說，說明定律或
諸定律……該事實即是定律所產生的一個例子。因之，如果火災被證
明是由於火星落在一堆易燃物品上面而引起的，那麼火災就是已被解
釋了；依同一方式……我們若已指出另一個定律或另一組定律，而某

一定律即是其中一例，並能自其中演繹而得，那麼這個某一定律據說就已經被解釋了」。[24]對一個定律所做解釋之案例，即是「反逆演繹」的一個案例，因此在我們這本書裡便很重要。

穆勒對一個解釋所做的解釋，或更妥善地說，對因果解釋所做的解釋，大體上是可以接受的。但就某些特定目的而言還不夠精確，而此種缺乏精確的情形，與我們此地所要討論的問題關係重大。職是之故，我將把話重說一遍，並指出穆勒的觀點與拙見間的不同在何處。

我提議，給予某一特別事件以一個因果解釋，意思是指從兩種前提中演繹出一個說明該事件的陳述：一是某些普遍定律，一是某些單稱或特別的陳述，我們或可稱之為特殊的始創條件／狀況（specific initial conditions）。例如，如果我們發現某一根線只能承受一磅重，而卻有兩磅重的東西掛上去，以故這根線斷了，我們便可以說已給了一個因果解釋。如果我們分析這個因果解釋，便會發現其中包含兩個構成要素：（一）某些具有普遍自然定律特性的假說，在此例中或許是：「每一根具有S結構的線（視其材料、厚度等而定），都有某一獨特的W荷重量，任何超過W的重量掛上去，該根線將斷裂」，以及「每一具有S1結構的線，其獨特荷重量等於一磅」。（二）某些特別的（單稱的）陳述——始創條件，即與該事件有關的陳述，在這個例子中，我們可能有兩個陳述：「這是一根具有S1結構的線」和「掛上這根線的重量是兩磅」。因之，我們有兩個不同的構成要素，兩種不同的陳述，二者合起來即產生一個完整的因果解釋，亦即（一）具有自然定律特性的全稱陳述；（二）與特別個例有關的特別陳述，叫作「始創條件」。藉始創條件（二）的幫助，我們可從普遍定律（一）中演繹出下面的

24　穆勒前引書第三篇第十二章第一節。關於他所謂「經驗定律」之「派生」或「反逆演繹」，參見同書第十六章第二節。

特別陳述（三）：「這根線將斷裂」。這個結論（三），我們也可以稱之為特別的預知（a specific prognosis）。始創條件（或更精確地講，即他們所描述的境況），通常被人說成是該事件的因，而預知（或更精確地講，即該預知所說明的事件），則被人說成是果；例如，放兩磅重量在只能承受一磅重量的線上，我們說這是因；而線斷了，則是果。[25]

當然，唯有當普遍定律經過相當考驗和證實，而且我們具有一些有利於因——亦即有利於始創條件——的獨立證據後，這樣一種因果解釋才是科學地可接受的。

在尚未進而分析對規律性或定律所做的因果解釋之前，我們或可指出，從我們對諸單稱事件之解釋而做的分析中，產生了幾件事物。第一點，我們不可以用絕對的方式提到因與果，在說到因與果時，我們必須說：就相關於某一普遍定律言，某一事件是另一事件——即其果——的因。然而，這些普遍定律通常是如此的瑣碎不足道（例如我們前面所舉之例），以致一般而論，我們均把他們視為理所當然，而不是有意識地使用他們。第二點，使用一個理論以預測某一特別事件，其實是它之用來解釋此一事件的另一面而已。由於我們是就被預

25　這段話幾乎完全引自拙著：《科學發現的邏輯》（*Logic of Scientific Discovery*）第十二節，乃是對某一特別事件之因果解釋做一分析。目前，我想根據塔斯基（Tarski）語意學為基礎，沿下述方式給「因」提示一個定義（當我寫拙著時，我還不知道此種語意學）：如果而且唯有如果從一組真正的普遍陳述（自然定律）中，一實質的涵蓋關係隨之而來，其含蓋項（implican）指的是A，被含蓋項（implicate）指的是B，則（單稱的）事件A即為（單稱的）事件B之因（cause）。我們可依同理以界定「科學地可接受的因」這個概念。關於語意學上的指稱概念，參見卡納普（Cornap）的《語意學引論》（*Introduction to Semantics*, 1942）。上述的定義，似可用卡納普所謂的「絕對概念」予以改進。關於因這個問題具有歷史意義的評斷，請參考拙著：《開放社會及其敵人》（*Open Society and Its Enemies*）第廿五章附註七。

測事件和已觀察事件加以比較，藉此來驗證一個理論，所以我們的分析也說明了理論如何而能予以驗證。我們使用一個理論，目的究係解釋、預測或是驗證，視我們的興趣而定；這要看我們認為這些陳述是既定的或無問題的，或者這些陳述需要進一步的批判和驗證而定（見本書「廿九、方法的統一」）。

對某一規律性做因果解釋，即普遍定律所描述之規律性，與對某個單稱事件做一因果解釋，略有不同。初看之下，有人可能以為道理是類似的，其定律必須演繹自（一）某些更為普遍的定律；（二）某些相應於始創條件的特殊條件，但這些條件不是單稱的，而是指某一種境況。然而，情形並不如是，因為在我們所要解釋的定律之形成過程中，必須把特殊條件（二）明白說出，否則這條定律必然與（一）相牴觸。（例如，如果我們想藉牛頓理論以解釋一切星體皆做橢圓移動這個定律，那麼首先我們在形成這條定律時，必須將這定律所以有效的條件予以明白說出，或許是出之以下列形式：如果有一群星體，彼此相隔夠遠，其相互吸引力很微小，而又沿著一個比他們重得多的太陽而移動，那麼每個行星大約是依橢圓形移動，以太陽為焦點。）換言之，在我們所想解釋的普遍定律之形成過程中，我們必須結合所有使它有效的條件，否則我們無從聲言它是普遍地（或如穆勒所言——無條件地）有效的定律。以故，對某一規律性做因果解釋，即是在於自一組更加通性的定律——這些定律經過驗證而且獨立地得到證實，演繹出一個定律（包括該規律性據以成立的各種條件）。

我們對因果解釋的說明，如果拿來與穆勒的說法比較，則就定律之化除為更通性的定律，也就是說，對規律性所做的因果解釋而言，二者並無太大的差異。但穆勒在討論單稱事件的因果解釋時，其間沒有明白的區分（一）普遍定律和（二）特別的始創條件。這大致要歸咎於穆勒使用「因」一詞時，不夠明確，有時候他指的是單稱事件，

有時候意思指的都是普遍定律。現在我們將說明這如何影響對於趨勢之解釋或化除。

化縮或解釋趨勢，乃是邏輯地可能的，這點無可懷疑。例如，讓我們假設，我們發現，所有行星皆向前逼近太陽，那麼太陽系必將成為孔德意義下的動態系統，它必將具有一個其趨勢明確的發展和歷史。依牛頓物理學的假設（我們很可能找到獨立的證據），行星與行星之間的空間充滿了某種抗拒物質——例如特定氣體，則趨勢即可輕易地得到解釋。這項假設是一個新的條件，我們必將把它加添到另一個常見的始創條件上，即說明行星於某一時間的位置和運動量的始創條件。只要這新的始創條件持續下去，則我們必定具有一個系統的變化或趨勢。現在如果我們進一步假設，這個變化很是巨大，那麼它對地球上諸多不同種屬之生物學及歷史，包括人類的歷史，必然具有一個可觀而系統的影響。這說明了何以我們在原則上，能夠解釋某些進化的與歷史的趨勢——甚至是「一般趨勢」，亦即發展過程中持續存在的趨勢。很明顯的，這些趨勢必當類似於準持續定律（如四季週期等），前一節已提到，不同在於他們必當是「動態的」。因之，他們必然相當符合孔德與穆勒對進化所持的模糊觀念，或歷史的承續定律，甚至比這些「靜態的」準定律更切近。如果我們有理由假設相干的始創條件是持續的，那麼顯然我們亦可假設這些趨勢或「動態的準定律」將持續，所以他們也和定律一樣，可以用來作為預測的基礎。

這些被解釋的趨勢（我們或可如此稱呼），或近乎被解釋的趨勢，對現代的進化理論影響重大，這點少有可疑之處。除了與某些生物形式如貝殼類、犀牛類有關的趨勢外，根據生物學的定律（以及一些始創條件，這些條件使得關於有機體陸棲環境之假設得以肯定，以及意含所謂「自然淘汰」等重要機制之運作的定律），生物的數量日益增加，形式更多變化，分佈到日漸廣大的環境條件上，這個一般趨勢看

115

來已藉此而變成明白可解了。[26]

所有這些話似乎都反對我們，而支持穆勒和歷史主義。但情況不然。被解釋的趨勢確實存在，但他們的持續有賴於某些特別的始創條件之持續（始創條件有時又回轉過來而成為趨勢）。

趨勢有賴於始創條件，穆勒和他的歷史主義的徒眾，忽視了這點。他們操作趨勢彷彿這些趨勢是無條件的，與定律一樣。他們把定律和趨勢混為一談，[27]使得他們相信那些無條件的趨勢（因之是一般的）；或者我們可以說，使得他們相信「絕對趨勢」；[28]例如朝向進步

26　小赫胥黎在《進化論》（*Evolution*）第九章曾討論進化的趨勢，依我看，他關於進化的進步所提的理論，頂多只能合理地主張：朝向使形式變化愈多的一般趨勢，為下面幾個陳述留餘地，即「進步」（赫胥黎的定義詳下文）有時發生有時不發生、某些形式的進化有時是進步的、但大部分是不進步的、我們沒有理由預期謂前曾進步的形式在未來亦會發生。（赫胥黎於該書頁五七一辯稱：如果人被消滅了，那麼益加進步是極端不可能的。雖然他的論證未能令我心服，但論證中隱含的意思，具體講，即生物的進化在過去，在現在都是偶然的，我卻同意。）關於赫胥黎把進化的進步定義為生物效能上的全面增加，亦即增加控制環境和不受環境之影響的能力，我覺得他的確成功地表達了許多用過這術語的人的意旨。再者，我承認，其中的界定條款，並不是以人類為中心的，他們不含價值判斷。然而在我看來，把效能或控制力的增加叫做「進步」，實即表達了一項價值，它表達了此一信念，即效能或控制是好的，生命的延伸及對致死物質做進一步克服，是大家想要的。但人們的確可能採取與此甚為不同的價值。職是之故，赫胥黎聲稱他已為進化的進步提供了一個「客觀的定義」，免除了人類中心主義和價值判斷，我並不以為然。（見前引書頁五五九及五六五，他反對霍爾丹〔J. B. S. Haldane〕的觀點，霍爾丹認為進步觀念是以人類為中心的。）

27　穆勒因為有這項混淆，要為他之相信我所謂「絕對趨勢」負主要責任，分析他的《邏輯》（*Logic*）第三篇第十六章，便可看出這點。

28　我們把對絕對趨勢的信仰，說成是非科學的或形上學的，邏輯上有幾個理由（參見本章附註十四）。這樣一種趨勢，或可出之以非特指的或一般化的存在陳述（如「其間存在有某一個趨勢」），即使我們觀察到此趨勢的破例情事，也不能據

之一般的歷史趨向——即「朝向較佳和較幸福的狀態之趨向」。如果他們考慮到將他們的趨向「化縮」為定律，則他們相信，單從普遍定律中，例如心理學的定律（或辯證的唯物論等等），即可馬上得到這些趨向。

我們或許可以說，這就是歷史主義的中心錯誤。它的「發展定律」轉而成為絕對趨勢；此種趨勢有如定律，並不靠在始創條件上，它使我們無從抗拒沿著某一方向把我們帶到未來。他們是無條件預言的基礎，無條件預言相反於有條件的科學預測。

但對那些見出趨勢是靠在條件上，那些企圖找出這些條件，並將其公開地形成公式的人，又當如何呢？我的答覆是：我不跟他們爭論。相反的，那種趨勢之發生是無可懷疑的。因之，我們便有了一項困難的任務，即盡我們之所能以解釋他們，也就是說，盡可能精確地決定這些趨勢所存在的條件（見本書「卅二、體制性的進步理論」）。[29]

以否證該陳述，因為我們總可以希望，「日久天長」，反方向的破例情形，又會使事物回到正軌上，所以無從驗證此種陳述。

[29] 如果我們成功地決定某單稱趨勢 t 之完全或充足的單稱條件 c，那麼我們即能形成下述的普遍定律：「凡有 c 類條件時，即有 t 類的趨勢」。從邏輯的觀點講，我們無從反對關於此種定律的觀念；但這與孔德和穆勒的持續定律觀念，大為不同，他們的定律描述了事件的一般走向，如同一個絕對趨勢或數列定律一樣。此外我們如何能夠決定我們的條件是充足的？或者說，我們如何能夠驗證上提那種形式的定律？（我們不可忘記，此地我們討論的是本書「廿七、有進化定律嗎？定律與趨勢」中的立場「b」，此立場包含趨勢可被驗證這一聲言。）為要驗證這樣一種定律，我們必須努力試著去產生它所不成立的條件；為了達到這個目標，我們必須顯示，c 類的條件是不充足的，甚至他們出現時，t 類的趨勢也並非總會發生。像這種方法（本書「卅二、體制性的進步理論」會簡述之），必將是無從反對的。但它不適用於歷史主義者的絕對趨勢，因為這些趨勢是社會生活之必然且無所不在的伴隨物，不可能藉對社會條件之任一可能的干預，而予以刪除。（此地我們再次看出，對非專指的趨勢——如一般趨勢——之信仰，具有

117

要點在於：這些條件是這樣容易被忽視。舉例講，世界上是有朝向「生產手段之累積」（如馬克思所言）的一個趨勢，但在人口銳減的地區，我們都不應該預期此趨勢之持續存在，而這種銳減情形，可能靠在經濟以外的條件上，例如機遇性的發明、或某一工業環境直接帶來的生理影響（或許是生物化學的影響）。其間誠然有不計其數的可能條件，在我們尋求某一趨勢的真正條件時，為要能夠檢查這些可能性，我們必須時時去想像該趨勢必當消失的條件，但這正好是歷史主義者所不可能做的。他堅決相信他所寶愛的趨勢，而該趨勢必當消失的條件，對他來說，乃是無從想像的。我們或許可以說歷史主義之貧乏，乃是想像力之貧乏。那些不能想像在他們小世界所發生的一個變化的人，不斷地受到歷史主義者的責備，但實際上，缺乏想像力的，似乎是歷史主義者本身，因為他不能想像在變化條件內的一個變化。

廿九　方法的統一（**The Unity of Method**）

我在前一節中提示過，演繹方法被人廣泛運用，而且很重要，遠超過穆勒所想的。為了明瞭自然主義與反自然主義間的爭論，將對演繹方法做更進一步的闡釋。在本節中，我將提出方法統一的學說，也就是說，認為所有理論的或通則化的科學，不論他們是自然科學或是社會科學，均使用相同的方法（關於歷史科學的討論，我把它延後到本書「卅一、歷史中的形勢邏輯、歷史的詮釋」）。同時，對於歷史主義的學說中我還沒有充分檢討的項目，諸如通則化、本質論、直觀領悟所扮演的角色、預測的不精確性、複雜性、數量方法的適用性等等

「形上學的」特性，表達此種信仰的陳述，不能被驗證，參見前註。）

問題，也將有所觸及。

　　我無意主張：理論的自然科學與社會科學間的方法，彼此毫無差異；這種差異明顯地是存在的，甚至是不同的自然科學彼此間也有此種差異，社會科學亦然。（例如，比較一下競爭市場之分析與羅曼語系之分析。）但是我同意孔德、穆勒和許多其他人如孟格爾等的看法，即這兩個領域所使用的方法，基本上是相同的（雖則我所理解的方法，可能與他們心目中的方法不同）。其方法總是相當於提出演繹的因果解釋、預測及驗證，如前一節所述。這種方法有時被人稱作假設—演繹法（hypothetical-deductive method），[30]通常又叫假說法（method of hypothesis），因為對它所驗證的任一科學陳述，都未能達到絕對的確定。這些陳述總保有暫定假說的特性，雖則經過許多嚴格的驗證後，這種暫定性便不再那麼明顯了。

　　因為假說的暫定性或暫時性，使得大多數方法學者都把它們當作是暫時的，意即它們終究要被經過證實的理論所取代（或至少被可證明為「高度可能的」理論取代，意即機率學上的「高度可能」）。我相信這個觀點是錯誤的，而且導致了許多全然不必要的難題。但就此地而言，這個問題[31]並不怎麼要緊。重要的是要了解，在科學中我們關

30　見克拉夫特（V. Kraft）:《科學方法的基礎》（*Die Grundformen der wissenschabtlichen Methoden*, 1925）。

31　參見拙著:《科學發現的邏輯》（*Logic of Scientific Discovery*），本節就是根據該書所提出的學說，尤其是以演繹來驗證（「演繹論」）、任何進一步的「歸納」之多事——因為理論總是保持有假說的特性（「假說論」）、科學驗證事實上是在證明理論之為假（「刪除論」）等學說；同時也請參考關於可驗證性與證假性的討論。此地指出的演繹論與歸納論間的對立，在某些方面，相當於理性主義與經驗主義間的古典區分：笛卡兒是一位演繹論者，因為他以為一切科學都是演繹的系統，而自培根以還的英國經驗主義者，卻都認為科學是在收集觀察之所得，藉歸納法而自其中取得通則。

懷的總是解釋、預測與驗證，而驗證假說的方法總是相同的（見前一
節）。我們從所要驗證的假說——例如某一普遍定律，再加上為達成
這個目標而被我們認為沒有問題的一些其他陳述——例如某些始創條
件，我們由此演繹出某一預知。然後我們盡可能用實驗觀察或其他觀
察所得的結果，來面對這個預知。相符即認為假說已被證實，雖則並

　　但笛卡兒相信，演繹系統的原理、前提，必須是穩妥而自明的——「明白
而各別判然的」。他們奠基於理性的洞見（用康德式語言來說，他們是綜合而先
驗有效的）。我反對這點，我認為他們是暫時的猜想或假說。

　　我辯稱，原則上，這些假說必被摒棄：我與兩位最了不起的現代演繹論者龐
加萊（Henri Poincaré）和杜漢（Pierre Duhem）之歧異，即在此處。

　　龐加萊及杜漢都承認，我們不可能把物理學理論看作是歸納而得的通則。他
們都知道，形成所謂通則之起點的觀察的計量，其實恰好相反，乃是依據理論而
做的詮釋。他們不但摒棄歸納論，也摒棄理性主義者對綜合先驗地有效的原理或
公設之信仰。龐加萊把他們詮解為分析地真的，有如定義一樣；杜漢則詮解為工
具（如同貝拉米諾〔Bellarmino〕紅衣主教和柏克萊〔Berkeley〕主教所做的一
樣」，把他們看作是整理實驗定律的手段——他以為這些實驗的定律得自歸納
法。因之，理論不能含有真或假的消息：他們不是什麼只是工具而已，因為他們
只能是方便或不方便，省事或不省事、馴服或是乖巧、或者是軋軋亂叫而粗陋
（因之，杜漢踵繼柏克萊之後而說，兩個或兩個以上相互矛盾的理論，何以不能
全部予以接受，在邏輯上毫無理由可言）。這些大方家之摒棄歸納論，以及物理
理論之綜合先驗的有效性，我完全予以同意。但是他們認為理論的系統不能置緒
經驗的驗證，這個觀點我不能接受。我認為，有些理論的系統是可驗證的，也就
是說，在原理上是可以否證的；因之，他們是綜合的（而非分析的）、經驗的
（而非先驗的）、告知的（而非純工具的）。在杜漢對嚴密實驗所做的著名批評
中，他只說嚴密實驗絕無可能證實或建立一個理論，但他沒有說嚴密實驗不能否
證一個理論。很顯明的，當杜漢說我們只能驗證巨大和複雜的理論系統而非孤立
的假說，他是對的；但是如果我們驗證這樣的兩個系統，其唯一差別只在某一假
說，如果我們能夠設計一些實驗，由這實驗否證了第一個系統，而第二個系統得
到相當的證實，那麼如果把第一個系統之失敗歸因於此一假說，我們或許是處在
合理而安全的基礎之上。

不是最後的證明；明顯的不符，則認為假說已被摒棄或被證明為假。

根據這個分析，則解釋、預測與驗證之間沒有巨大的差異。其差異不是邏輯結構上的不同，而是著重點的不同；端視什麼是我們所認為的問題，和什麼不是我們所認為的問題而定。如果我們不以找出一個預知為我們的問題，則我們的問題是在找出始創條件或某些普遍定律（或兩者都找），我們或可從其中演繹出某一概定的「預知」，那麼我們尋求的便是一個解釋（而此既定的「預知」變成了我們的「被解釋項」〔explicandum〕）。如果我們認為定律和始創條件是既定的（而非有待找尋的），並且只利用它們以演繹出預知，為的是要得到某一新消息，那麼我們便是試圖去預測（這是我們適用科學結果的案例）。如果我們認為某一普遍定律或某一始創條件這兩個前提之一是有問題的，並認為預知須與經驗的結果相比較，那麼我們談的乃是某一有問題的前提之驗證。

驗證的結果是選擇經得起考驗的各種假說，或刪除那些經不起考驗的假說，予以摒棄。重要的是要了解這個觀點所帶來的後果。這些後果是：一切驗證均可解釋為企圖去淘除假的理論——找出理論的弱點，以便摒棄它，如果經過驗證證明該理論為假。這個觀點有時被人視為詭論；人們說，我們的目標是在建立理論，而不是在刪除假的理論。但正因為我們的目標是在盡可能的去建立理論，所以我們必須盡可能嚴密地去驗證它們；也就是說，我們必須試圖去挑它們的毛病，我們必須試圖去證明它們之為假。不管我們如何努力，也無從證明其為假，唯有這樣我們才能說它們已經通過了嚴厲的驗證。如果我們沒有試圖去發現否證的實例，或雖經嘗試卻告失敗，那麼發現合乎某一理論的例證，意義實在微不足道，理由即在於此。因為如果我們不抱批判的態度，我們總可以找到我們所需要的：我們得追求和發現相符的例子，而卻看漏且看不出有害於我們寶貴理論的例子。在這種方式

121

下，要得到有利於某一理論的充分證據，實在是太容易了，而如果我
們抱著批判的態度進行研究，則這個理論必當已被否證。為了要以刪
除工作來施行選擇方法，為了保證只有最適合的理論始得存在下去，
則他們為生存而做的掙扎奮鬥，必須嚴厲。

　　大體上講，這就是所有以經驗為根據的科學之方法。但是關於我
們取得理論或假說的方法，又是如何呢？歸納通則、以及我們由觀察
進為理論的方法又是如何呢？對這個問題（以及本書「一、通則」討
論到而在「廿六、通則是否只限於歷史時期？」所未處理的學說），
我有兩點答覆：一、我不相信我們曾經做過任何歸納的通則，意即以
觀察為起點，然後試從其中得出我們的理論。我相信，認為我們是依
這個方式而進行的偏見，是一種視覺上的幻相，在我們科學發展的每
一階段，我們無不以某種理論性質的東西為起點，諸如假說、偏見或
問題（常是技術性的問題），依某一方式，由這些東西來指導我們的
觀察，幫助我們從無數的觀察對象中挑選出那些有興趣的。[32]但是情況
果真如此，那麼刪除法——實即本書「廿四、有機全體論的社會實驗
理論」討論的嘗試與錯誤法——便永遠可以適用。不過，我不以為就
目前的討論而言，我們必須堅持這點。因為我們還可以提出第二個答
覆：二、就科學的觀點講，我們之取得理論，究竟是躍入未經確定的
結論呢，抑或是突然踢到的（亦即藉「直觀」），或透過某種歸納的程
序，這些其實是不相干的。「你第一次是怎麼找到你的理論的？」這
個問題牽涉的完全是私人的事；反之，「你怎樣驗證你的理論？」這
才是與科學相干的問題。我們此地所描述的驗證方法，乃是一個收獲

32　甚至植物學的觀察也受理論的導引（可能甚至也會受到偏見之影響），佛蘭克爾
　　（O. Frankel）曾舉出驚人的事例，見他所撰〈青春女神的細胞學與分類學及其他〉
　　一文，刊於《自然》雜誌（*Nature*, 1941）第一四七卷頁一一七。

豐碩的方法，它可以導引出新觀察，使理論和觀察能夠互相取與。

我相信，以上所言不僅在自然科學是如此，社會科學也是如此。在我們還沒有思想到研究對象之前，我們無從看見和觀察它們，這種情形在社會科學更是顯然，超過自然科學。因為社會科學的對象，若非全部，至少大多數是抽象的對象，它們是理論的建構（甚至「戰爭」、「軍隊」也都是抽象的概念，有些人聽來可能不無訝異。具體的是那些被殺死的人，或穿上軍服的男人女人等）。用來解釋我們之經驗的這些對象，這些理論建構，乃是為了要解釋特定經驗，從而建構的某些模型（尤其是體制模型）之結果，這是自然科學很常見的理論方法（如我們建構原子、分子、固體、液體等）。這是藉化縮以從事解釋的方法之一部分，或從假說而來演繹的方法之一部分。我們是用假說或理論來進行研究的，我們經常不知道這件事實，因之，我們遂誤以理論模型為具體事物。這實在是太常見的一種錯誤。[33]我們常依此種方式而使用模型，這件事實解釋了——也摧毀了——方法論上本質主義的學說（見本書「十、本質論相埒於名目論」）。因為模型在性質上是抽象的或理論的，所以我們遂覺得我們之看它，不管是在變動而可觀察的事件之內或之後看它，彷彿是一種永存的鬼魂或本質，這就解釋了方法論上本質主義的學說。因為社會理論的任務，乃是在以描述性或名目性的詞語，也就是說，根據個人、個人的態度、期望、關係等——這個假設或可稱為「方法論上的個人主義」，仔細地去建構和分析我們的社會學模型，這就摧毀了本質主義的學說。

我們可借用海耶克教授〈唯科學是尚論與社會研究〉中的兩段

33　關於本段和次段的說法，參見海耶克〈唯科學是尚論與社會研究〉第一、二部分，該文刊於《經濟學刊》九、十兩卷。他在這篇論文中，批評了方法論上的集體主義，並詳細討論了方法論上的個人主義。

話，[34]加以分析，以資說明自然科學與社會科學方法的統一，並拿他的話來辯護。

在第一段話中，海耶克教授寫道：

物理學家希望將其所學予以類比，以求了解社會科學的問題，他勢須想像一個世界，在這個世界裡，他由直接觀察而了解原子的內部，他既不可能對一堆物質做實驗，他所能觀察的，也不過是相當少數的原子在有限期間內的互動情形，此外別無機會觀察。從他對不同種類原子的知識中，他可以建立一切不同方式的模型，原子即依這些不同方式結合成較大的單位，使這些模型得以更切近地重新產生少數幾個例證的所有面貌，從這些例證中，他能夠觀察較為複雜的現象。但從他對小宇宙的認識中，所取得的有關大宇宙的定律，必將永遠是「演繹的」；因為他對複雜境況的資料所知有限，這些定律很難使他有能力預測某一特殊境況的精確後果；而且他也絕不可能藉經過控制的實驗來證實他們──雖則藉觀察某些事件之所得，或許可以否證他們，但根據他的理論，這些事件是不可能有的。

我承認，上引第一句話，點出了社會與物理科學間的某些差異。但是我相信，其餘的話，卻是為完全的方法之統一而說的。因為如果這是對社會科學方法所做的正確描述，這點我不懷疑，那麼它顯示出，社會科學方法，只與我們上述所摒棄的那種自然科學的解釋法有所不同。我心目中指的尤其是「歸納論的」解釋法，亦即認為在自然科學裡面，我們藉某一通則化方法，自觀察而系統地前進至理論，而

34 這兩段話見《經濟學刊》第九卷頁二八九以下。

且我們藉某一歸納法，能夠「證實」或甚至證明我們的理論。我曾在本文鼓吹一個極其不同的觀點，即把科學方法解釋為是演繹的、假說的、選擇性的，藉證明其為假等方式來進行。而我對自然科學方法的描述，完全符合於海耶克教授對社會科學方法的描述（我絕對有理由相信，我對科學方法做的解釋，沒有受到任何社會科學方法的知識所影響；因為當我開始發展我的解釋時，我心裡想的只是自然科學，[35]當時我對社會科學幾乎一無所知）。

但甚至是前引第一句所暗指的差異，也非如第一眼看到時這般巨大。我們對「人類原子」的內部，比對物理原子的內部，所知更多，這是無可懷疑的，但這種知識是直觀的。換言之，為形成我們對其他人或全體人類的假說，我們確實使用了我們對自己本身的知識。但這些假說必須經過驗證，必須置諸刪除淘選法之下（直觀甚至使有些人無法想像：世界上怎麼可能有人不喜歡巧克力）。物理學家在形成有關原子的假說時，的確沒有得到這種直接觀察的幫助；然而，他往往使用某種同情的想像或直觀，這使他易於覺得，他甚至親切地熟悉「原子的內部」──甚至是原子的怪癖和偏見。但這種直觀是他私人的事。科學感到興趣的，只是可能鼓舞他的直觀的假說，而且只當這些直觀能產生豐富的後果，並能予以適當地驗證。（關於海耶克教授在第一句話中提到的另一種差異，即施行實驗的困難，詳見本書「廿四、有機全體論的社會實驗理論」。）

上述幾個評斷，同時也指出了批評歷史主義學說的方式，我們曾在本書「八、直觀的領悟」中釋這個學說──亦即社會科學必須使用直觀領悟法的學說。

35　參見《知識》雜誌（*Erkenntis*, III, p.426 f.,）和拙著：《研究的邏輯》（*Logik der Forschung*, 1935），其副標題或可譯成「論自然科學的知識論」。

在第二段話中，海耶克教授提到社會現象，他說：「……我們對這些現象據以產生的原理所得之知識，即便有之，也絕少能使我們預測任一具體境況的精確結果。我們能解釋某一現象據以產生的原理，並從這個知識中，排除某些結果的可能性——如特定事件一併發生的結果，就某一意義言，我們的知識將只是否定的，也就是說，它僅能使我們預先排除某些結果，但不能使我們把可能性範圍大事削減到只留下一個結果。」

這段話，遠非僅在描述社會科學特有的境況，而是完善地描述了自然定律的特性，的確，自然定律所能做的頂多是排除某些特定的可能性而已（「你不能用篩來盛水」，見本書「二十、研究社會學的技術學途徑」）。更切近地講，一般而言，我們不能「預測任一具體境況的精確結果」，這句話，實即打開了預測之不精確性問題（見本書「五、預測之不準確」）。我主張，這句話可同樣精確地用到具體的物理世界。一般說來，只有使用人為的實驗隔絕孤立法，我們才能預測物理事件。（太陽系則是一個例外——那是自然的孤立，而非人為的孤立；一旦其孤立狀態被體積夠大的外來星體所破壞，則所有我們的預報，可能都會被打破。）甚至在物理學上，去預測某一具體境況——如打雷、大火等——的精確後果，我們的能力都還差得很遠。

關於複雜性的問題（見本書「四、複雜性」），此地或可加一簡評。任一具體社會境況的複雜性，使得我們在對它做分析時，造成極端困難，殊無可疑。但任一具體的物理境況，也是如此。[36]一般人廣泛地有一個偏見，認為社會境況遠比物理境況複雜，這個偏見似來自兩個根源。其中之一是，我們常把不應比較的拿來比較，我的意思是說，一方面是具體的社會境況，另一方面是人為孤立的實驗的物理境

36　孟格爾在《全集》第二卷（1883-1933）頁二五九～二六〇，也提出了類似論證。

況（後者倒可與人為孤立的社會境況比較，如監獄、實驗社區）。另一個根源是一個古老的信念，認為對某一社會境況所做的描述，應包括有關的每一個人的心理與生理狀態（或者甚至可化除為這些狀態）。但這個信念是不能言之成理的，比下面這項不可能的要求更難言之成理，這項要求是說，對某一具體的化學反應所做的描述，應包括有關的所有基本分子間之原子的與次原子的狀態（雖則化學也許真可以化除為物理學）。這個信念也同時道出了一個流行觀念的蹤跡，此一觀念認為，社會單位如像體制或結社，乃是具體的自然單位——例如群眾，而不是抽象的模型，這些模型是建構來解釋從個人與個人之間所選擇的某些抽象關係。

但事實上，不但是社會科學不比物理學複雜，並且一般而論，具體的社會境況也不比具體的物理境況複雜，這兩個信念都有很好的理由。因為在大多數——雖非全部——社會境況中，都有一個理性要素。很顯明的，人類幾乎向來沒有理性地行為（也就是說，如果他們能夠善為運用一切有關達成所要目標的可得資訊，他們必當理性地行為），但是他們多少還是理性地行為的；這使我們能夠對人類的行動與互動建構出一個比較簡單的模型，拿這些模型作為近似值／標準。

在我看來，的確，這最後一點，指出了自然科學與社會科學間的一大差異——或許是他們於方法上最重要的差異，因為其他的重要差異，如施行實驗的困難（見本書「廿四、有機全體論的社會實驗理論」節末）、適用數量方法的困難（詳下文），都是程度上而非種類上的差異。我提出一種可能性，即在社會科學中，採用邏輯的或理性的建構之方法，或可稱之為「零度方法」（zero method）。[37]我的意思是說，

37　參見馬爾沙克在〈貨幣幻象與需求分析〉一文中討論的「零點假說」，該文刊於《經濟統計學評論》（*The Review of Economic Statistics*, vol. XXV, p.40）——此處

假定相關的所有個人具有完全的理性，根據這一假定（或再加上具有完全的消息這一假定），以建構一個模型的方法，並根據這個模型行為，以估計人們實際行為上的違背情況，即利用模型行為作為一種零度坐標。[38]經濟學方程式中所說明的，根據「純邏輯的選擇」為基礎而預期的模型行為，來與實際上的行為（就說受到傳統偏見等的影響）相比較，即是這種方法的一個例子。例如馬爾沙克（Marschak）那有趣的「貨幣幻象」，也許可以依這種方式來解釋。[39]佛羅侖斯（P. Sargant Florence）就工業上「巨幅作業的邏輯」與「實際作業的不合邏輯」所做的比較研究，[40]即是企圖把零度方法適用到不同的領域上。

順便一提，我還得指出，不論是方法論上個人主義的原理，或是建構理性模型的零度方法原理，在我的意見中，都不意含其中採用了心理學的方法。相反的，我相信：這些原理可與下一觀念結合起來，[41]此觀念認為，社會科學相當獨立於心理學假設之外，心理學不是一切社會科學的基礎，而是諸社會科學中的一門。

在結束本節的討論之際，我必須提到：我視之為某些理論性自然科學與理論性社會科學在方法上的另一個主要差異，究竟是什麼。我的意思是指：與適用數量方法相關的困難，特別是測量方法。[42]這些困

所說明的方法，似乎部分相符於海耶克教授所謂的「構成」方法，海耶克則是沿用孟格爾的名稱。

38　或許有人會說，社會科學上之使用理性的或「邏輯的」模型，或使用「零度方法」，在自然科學中，特別是熱力學與生物學（如機械模型之建構和生理學上的程序模型與器官模型），也有與此平行的用法。（可參考變異方法之運用）

39　見馬爾沙克前引論文。

40　見佛羅侖斯：《工業組織的邏輯》（*The Logic of Industrial Organization*, 1933）。

41　這個觀念在拙著：《開放社會及其敵人》（*Open Society and Its Enemies*）第十四章有更加充分的闡發。

42　海耶克教授於前引論文頁二九〇曾討論這些困難。

難中，有的可用統計方法予以克服或已經克服了，需求分析即是一例。而且必須加以克服，例如，數理經濟學的方程式若要成為質性應用的基礎，即需如此，因為如無此種測量，我們往往便無從知道，某些相互抗衡的影響力，是否超過了純質性詞語所計算出來的效果。因之，純質性的考慮，有時可能會騙人，引用弗里斯克（Frisch）教授的話來說，其騙人「就如同說，當一個人想把小舟向前划行時，因為他的雙足所發揮的壓力，遂使小舟往後退」[43]一樣。不過此處的確有某些基本上的困難存在，倒是無可懷疑的。例如，在物理學中，我們方程式的變數，在原則上講，可化除為少數的自然恆數，在許多重要案例中，成功地做到了這種化除。但在經濟學上則不然，因為這時變數本身即是迅速變化的可變項，[44]許多經濟學案例中，都有這種情形。這顯然減少了我們所做測量之意義、解釋力和可驗證性。

三十　理論的科學與歷史的科學
（Theoretical and Historical Sciences）

我在前面為科學方法的統一之適用到理論的科學做辯護，但這一論題，只要配上某些特定限制，甚至也可擴伸到歷史科學的領域。我們這樣做，並不必放棄理論科學與歷史科學間的基本區別——例如社會學、經濟理論、政治理論與社會史、經濟史、政治史間的區別——最優秀的歷史家曾經時常印證強調此一區別。其實，這是對普遍定律的興趣與對特殊事實的興趣間的區別。我希望為下一觀點辯護，即歷

43　見《經濟計量學刊》（*Econometrica*, I, 1933）頁一。

44　見羅賓斯（Lionel Robbins）發表於《經濟學刊》第五卷的論文，尤其是頁三五一。

史的特性，在於它感興趣的乃是實際的、單稱的或特殊的事件，而非定律或通則，歷史主義者經常攻擊這個觀點，認為它是一個落伍陳舊的觀念。

這個觀點，完全合乎我們在上面幾節對科學方法所做的分析，尤其是對因果解釋而做的分析。情形不過如此簡單：理論科學的主要興趣是在找出普遍定律並予以驗證，而歷史科學則視所有各種普遍定律為理所當然，它的主要興趣是在找出單稱陳述並予以驗證。舉例講，若給予歷史科學某一單稱的「被解釋項」——即某一單稱事件，則他們可能去找尋某些能解釋該被解釋項的單稱始創條件（連同大家沒什麼興趣的所有各種普遍定律）。或者他們可能去驗證某一既定的單稱假說，把該假說連同其他單稱陳述用作是始創條件以驗證它，而從這些始創條件演繹出（再度借助於大家沒什麼興趣的所有各種普遍定律）某一新「預知」，這項預知可能說明了許久以前發生的某一事件，並能面對經驗證據的考驗——也許是文件或碑銘等。

在這一分析的意義下，對某一單稱事件所做的一切因果解釋，只要「因」總是由單稱的始創條件來說明它，那麼都可以說是歷史的。而這完全符合大家的流行觀念——認為解釋某一事物的因果，實即解釋它是如何以及為何發生的，也就是說出它的「故事由來」。但是只有在歷史中，我們才真正對某一單稱事件的因果解釋感到興趣。在理論科學上，此種因果解釋的主要用意在於不同的目標——即驗證普遍定律。

如果這些考量是正確的，那麼某些進化論者與歷史主義者對源起問題所顯示的熱烈興趣，乃是有點離譜的；他們厭惡老式的歷史，希望把它改進成為一門理論的科學。源起問題是「如何及為何」的問題，從理論的觀點講，相形之下不甚重要，通常也只具有一種特殊的歷史興趣。

為了反對我對歷史解釋的分析，[45]有人可能辯道，歷史的確使用了普遍定律，而與許多歷史家之強調地宣稱歷史對定律不感興趣，正好相反。我們可以答覆說，某一單稱事件是另一單稱事件的因——此另一單稱事件則為其果——只跟某些普遍定律發生關係。[46]但這些定律是如此習以為常，早就是我們平常知識的一部分，所以我們不必提到他們，而且也很少注意他們。如果我們說，布魯諾（Giordano Bruno）致死的原因，是由於他在木椿上被火燒身，我們不需要指出一條普遍定律——即所有生物置於高熱之下必死。這樣一種定律，在我們的因果解釋中，已默默地予以假設了。

當然，在政治史家預先假定的理論當中，必有某些社會學理論——例如權力社會學。但是一般而論，歷史家甚至並不知道這些理論即予以運用。他之使用這些理論，主要並非視之為普遍定律，以幫助他驗證他的特殊假說，而是隱含在他的用字遣詞之中。在提到政府、國家、軍隊時，他常常是不自覺地使用了科學或先於科學的社會學分析所提供的「模型」（見前一節）。

有人又會說道，歷史的諸門科學，在他們對普遍定律的態度上，相距並不很遠。當我們遇到科學實際應用於某一單稱或特殊的問題

45　我的分析可拿來與懷特（Morton G. White）的「歷史解釋」對照（刊於 *Mind*, N.S., vol.52, pp.212 ff.）；韓培爾（C. G. Hempel）在某篇論文中，重述我的因果解釋理論，懷特以此理論為基礎而分析，然而他所達致的結果卻極為不同。他忽略了歷史家的獨特興趣是在單稱事件，所以他提議稱，如果一個解釋以使用社會學術語（和理論）為特色的話，這個解釋便是「歷史的」。

46　韋伯（Max Weber）曾見出這點。他在《社會科學方法論》（*Ges. Schr. zur Wissenschaftslehre*, 1922）頁一七九的評斷，就我所知，乃是最近於我此處所提分析的先見言論。但是我相信，當他提議謂，理論科學與歷史科學間的差異，乃是在於所用定律的通性在程度上有所不同，他是錯了。

時，我們便會發現類似的境況。舉例講，有位實用化學家想分析某一混合物——就說是一塊石頭罷，他幾乎不會考慮任何普遍定律。他只是應用某些常規技術，可能無需深思熟慮，而從邏輯的觀點言，這些技術，即是「這塊混合物含有硫磺」此一單稱假說的驗證。他的興趣基本上是一個歷史性的興趣——即描述某一組特殊事件，或描述某一個別物體。

我相信，這個分析，澄清了歷史方法學者間的一些著名的爭論。[47]有一群歷史主義者聲稱，歷史不僅僅是在列出事實，而是企圖以某種因果關聯把事實呈現出來，它必須就歷史定律的形成有所興趣，因為因果性，基本的意思即是指由定律來決定。另一群人，其中包括歷史主義者，他們辯稱，即使是只出現一次，而且與「一般」性毫無關係的「獨一」事件，也可能是其他事件的原因，歷史所關心的就是此種因果關係。現在我們可以看出，這兩派人都是部分地對與部分地錯。在任何因果解釋中，普遍定律與特殊事件均是必需的，但除理論科學外，普遍定律只引起些微的興趣。

這把我們帶到歷史事件的獨一性這個問題了。如其我們關懷的是典型事件之歷史的因果解釋，則必須把這些事件視為屬於某一種事件或某一類事件，也就是典型的事件。因為只有這樣，演繹的因果解釋法才能適用。然而，歷史所感興趣的不僅在於對特殊事件的解釋，而且也在於如實地描述某一特殊事件。歷史最重要的任務之一，毫無疑問的，即是以其特點或獨一性來描述所感興趣的發生；亦即是說，要把並不企圖做因果解釋的現象也包括在內，如因果地無關的諸事件之「偶然的」一併發生。解開因果線條，這些線條如何依「偶然的」方式編織而成來加以描述，這是歷史的兩大任務，二者都是必需的，而

47　例如前引韋伯著作頁八、四十四、四十八、二一五、二三三等。

且相輔相成；在某一特別時刻，某一事件可能被認為是典型的，亦即從它因果解釋的觀點看，它是典型的；而在另一個時刻，此一事件卻是獨一的。

這些省察考量，或可適用到本書「三、新異性」討論的新異性問題上。「安排上的新」與「內在的新」之間的區別，相當於因果解釋的立場與領會獨一性的立場兩者間之區別。只要新可被理性地分析和預測，它便絕不可能是「內在的」新。這打消了歷史主義的學說，即社會科學應可適用到如何預測內在地新的事件之出現——這一聲言的最後憑據，或許可以說是對預測及因果解釋所做之不充足的分析。

卅一　歷史中的形勢邏輯、歷史的詮釋（Situational Logic in History. Historical Interpretation）

但這就是一切嗎？歷史主義者要求來一次歷史學改革，要求一種社會學，由它扮演理論歷史學或歷史發展理論的角色，這種要求是空無一物嗎？（見本書「十二、觀察的基礎」和「十六、歷史發展說」）「時期」、時代的「精神」或「風格」、不可抗拒的歷史趨勢、蠱惑人心的運動，彷彿洪水似的襲來，驅策著個別的人們，而非被人們所驅策，這些歷史主義的觀念，也都是空無一物嗎？托爾斯泰（Tolstoy）無疑是一位歷史主義者，但也很坦誠地說明自己的動機，他在《戰爭與和平》（*War and Peace*）中，思索西歐人東進的運動，以及俄羅斯人抵禦西歐人的反抗運動，[48]任何人讀到他的這些思索，必將無從否

48　湯恩比教授晚近對這些問題下了功夫，但沒有獲得答案。托爾斯泰實開先河。

認，歷史主義對人類的真正需要，是有所答覆的。在我們能夠認真地希望除掉歷史主義之前，我們必須先獻出某些更好的東西，以滿足這一需要。

托爾斯泰的歷史主義，乃是對抗一種歷史寫作法的反動，該寫作法暗中承認領導原則的真理性；托爾斯泰認為，此法賦予偉大人物——領袖——過多的功績，他的看法無疑是對的。他企圖說明，在事件邏輯的面前，拿破侖（Napoleon）、亞歷山大（Alexander）、庫屠佐夫（Kutuzov）和一八一二年其他偉大領袖們的行動與決定，影響力是顯得何其微小，我想托爾斯泰在這方面是成功的。托爾斯泰正確地指出，不計其數的無名人物，他們在戰場上打仗，他們焚燒了莫斯科，他們發明了遊擊戰法，這些人的決定與行動才是最最重要的，但卻為人所忽視。不過他又相信，從這些事件中，他能看出某種歷史的決定——命運、歷史定律或計劃。在托爾斯泰版的歷史主義中，他結合了方法論上的個人主義與集體主義，也就是說，他代表了一種高度典型的結合，不但是他那時代的典型，我恐怕也是我們當代的典型，亦即結合了民主的——個人主義的與集體主義——民族主義的要素。

這個例子也許會提醒我們：歷史主義中是有一些合理成分的；有一種天真的方法，把政治史詮釋為僅只係偉大暴君與偉大將軍們的故事，歷史主義即是對抗這一天真方法的反動。歷史主義者正確地覺得，或許可能還有比這方法更好的方法。也就是這一感受，使得他們的「精神」觀念——諸如時代「精神」、國家「精神」、軍隊「精神」——如此具有魅力。

現在，對這些「精神」，他們那理想主義的原型，那辯證的與物質主義的化身，我全無絲毫同情；對這些東西嗤之以鼻的人，我卻十分同情。然而我覺得，他們至少指出了一個空隙、一片空地的存在，社會學的任務就是提出某種更有意義的東西，諸如對傳統內所產生的

問題做一分析，來填補這個空隙。其間還留有餘地，以供我們對形勢邏輯（logic of situations）做更詳細的分析。最優秀的歷史家常常利用這個概念，不過多少是不自覺地去使用它，托爾斯泰即是一例，他說明俄羅斯軍隊未經戰鬥即放棄莫斯科，而撤退到有食物的地方，並非出於決定，而是「形勢使然」。超出這種形勢邏輯之外，或者也是它的一部分，我們還需要某種類似社會運動之分析的東西。我們必需奠基於方法論上的個人主義，以研究社會體制，觀念即是透過這些體制，而傳達開來並激發個人的；我們必需研究新傳統是怎樣創造出來的，研究傳統是怎樣運作及崩潰的。換句話說，針對國家、政府、市場等集體單位，我們的個人主義與體制主義的模型，必須用政治形勢的模型、社會運動如科學與工業進步的模型，以補足它（下一節將略述這個就進步所做的一項分析）。如此一來，歷史家便可併同他們所用的普遍定律來使用這些模型，這些模型的功用，部分如同其他模型，部分卻是當作解釋之用。但這樣還是不夠的，仍然不能滿足歷史主義企圖去滿足的所有真正需要。

我們在上面曾對歷史科學與理論科學做過比較，如果我們根據這項比較來考量歷史科學，那麼我們即可看出，歷史科學對普遍定律缺乏興趣，使他們落入一個困難的處境。因為在理論科學中，定律雖有其他用途，它卻是作為興趣的中心，我們所做的觀察與之有關，或者定律是從事觀察時的觀點。在歷史學上，普遍定律大多數是俗濫而不自覺地予以使用的，從而不可能實現這種功能。它必被其他事物所取代。如果沒有觀點，便沒有歷史，這是無可懷疑的；因為這樣，如同自然科學一般，歷史必然是選擇性的，以免充斥著無用而不相干的資料。企圖依循因果連環以追求遙遠的過去，至少沒有什麼幫助，因為我們很可能開始的每一具體效果，都有為數眾多的不同局部原因，也就是說，始創條件非常複雜，而且大多數對我們殊無興趣可言。

　　這個困境的唯一出路，我相信，乃是把事先考慮過的選擇觀點有意識地引入歷史中去；亦即是說，去撰述那我們感到興趣的歷史。這並不意味說，為求配入一個預知觀念的架構內，我們可把事實任意扭捏以達目的，或我們可把不配合這架構的事實棄置不顧。[49]相反的，凡與我們觀點有關的一切可得到的證據，均需仔細而客觀地予以考慮（意即下節討論的「科學的客觀性」）。但它意味說，凡與我們觀點無關的一切事實和現象，因之也是我們不感興趣的，我們不必擔心。

　　此種選擇的研究途徑，在歷史研究上所實現的功能，類似於理論之於科學。因此人們常常把他們當作理論，這是可理解的。在這些途徑內有少數觀念，可用可驗證的假說（testable hypotheses）的形式予以公式化，不管是單稱的或普遍的，這些觀念的確可能當作科學的假說。但是一般而論，這些歷史的「途徑」或「觀點」，是不能夠加以驗證的。他們是不能否證的，而明顯的證實也無價值之可言，雖則證實例子可能多如天上的繁星。這種選擇的觀點或歷史興趣的焦點，如果不能形成為可驗證的假說，則我們將稱之為歷史的詮釋（historical interpretation）。

　　歷史主義誤以這些詮釋為理論。這是它的主要錯誤。例如，我們可能把「歷史」詮釋為階級鬥爭史，或各種族爭取領導地位的鬥爭史，或宗教觀念的發展史，或「開放」與「封閉」社會的鬥爭史，或科學與工業進步的歷史。所有這些都是多少有點興趣的觀點，而就作為此種觀點而論，我們全然無可反對。但是歷史主義者並不這樣如實地呈現他們；歷史主義者不知道，基本上與提示性和武斷性屬於同一層次的詮釋（雖則其中有些以含義豐富而出名，這點不無重要），必然具

49　海耶克在《經濟學刊》第十卷頁五十五以下，曾批評了「一切歷史知識皆是相對的……學說」。

有多重性。不此之圖,他們把這些觀點當作學說或理論而呈現出來,主張「凡是歷史皆是階級鬥爭史」等類的論調。如果他們的確發現,他們的觀點含義豐富,可根據它來安排和詮釋許多事實,那麼他們便誤以為這是他們學說的印證,或甚至是一個證明。

另一方面,正確地反對這個程序的古典歷史家,也很可能落入另一個不同的錯誤。他們以達到客觀性為目標,因而覺得必須避開任何選擇的觀點,但由於這是不可能的事,他們通常便採用某些觀點,而不自知。這必然使他們力求客觀的努力歸於失敗,因為一個人如不明瞭自己的研究途徑,那麼他便不可能批判自己的途徑,也不可能意識到它的限制。

脫開這兩難困局的出路,當然就是要清楚明白採用某一觀點的必要性,平實的陳述這個觀點,恆常意識到它不過是多中之一,即使它應該夠格成為理論,它也可能是不能予以驗證的。

卅二　體制性的進步理論
（The Institutional Theory of Progress）

為了使我們的考量減低抽象性,在本節中,我將至為簡短地敘述科學與工業進步的理論。我試著依這個辦法,舉例說明我在前四節所發展出的觀念,更切近地講,即形勢邏輯的觀念,與心理學無關的方法上的個人主義的觀念。我之所以選擇科學與工業的進步為例子,無疑的,乃是因為十九世紀的歷史主義,即是受到這一現象的鼓舞而形成的,況且我在前面曾討論了穆勒對這一論題的觀點。

大家記得,孔德與穆勒認為,進步是一個無條件或絕對的趨勢,可化除為人性定律。孔德寫道:「在它還沒有被理性地化除為實證的

人性理論之前,持續定律雖經歷史觀察方法賦予所有可能的權威而提示出來,還是不應做最後的承認……」。[50]他相信,進步定律是從個人的趨向中演繹出來的,這一趨向強迫他們使其本性越來越完美。穆勒追隨孔德這方面的所有看法,並試圖把他的進步定律化縮為他所謂的「人類心智的進步性」,[51]它的第一「強迫力……即是增加物質享受的欲望」。根據孔德與穆勒,這種趨勢或準定律的無條件特性或絕對特性,使我們無需任何始創的歷史條件、觀察或資料,[52]即可自其中演繹出歷史最早的步伐或階段。因之,原則上,歷史的整個過程是可以這樣演繹出來的;不過唯一的困難,依穆勒所言,在於「這是多麼長的一個系列……每個交替段落,都由數目更多變化更多的部分所組成,人類的智能不可能把它計算出來。」[53]

穆勒這種「化縮法」的弱點,似頗明顯。即便我們認可穆勒的前提與演繹,必然還是不能接著顯示其社會的或歷史的效果意義重大。自無從管理的自然環境所帶來的損害,可能使進步成為微不足道。此外,他的前提只基於人性的一面,而沒有考慮人性的其他方面,如健忘或懶惰。因此,我們觀察到與穆勒所說的進步恰好相反的情事,我們同樣可以把這些觀察結果「化縮」為「人性」。(所謂的歷史理論中,最流行的手法之一,不就是拿懶惰和貪吃等特點,來解釋帝國的衰亡與沒落嗎?)其實,凡事多能訴諸「人性」的特定傾向,來做巧辯的解釋,例外絕少。但是能夠解釋可能發生的每一件事物之方法,實即什麼都沒有解釋。

50　孔德:《實證哲學》(*Cours de philosophie positive*, IV, p.335)。

51　穆勒:《邏輯》(*Logic*)第六篇第十章第三節;次句引自第六節,在該節中,對這一理論做了更詳細的申論。

52　孔德前引書頁三四五。

53　穆勒前引書同篇章第四節。

如果我們想以某一更可靠的理論，取代這個令人吃驚的天真理論，我們必須採取兩個步驟。第一，我們必須找出進步的條件，為了達到這個目的，必須應用本書「廿八、化除法、因果解釋、預測與預言」所建立的原理，亦即我們必須想像出使進步終止的條件。這立刻引導我們了解到，單只心理上的傾向，是不足以解釋進步的，因為我們可能找到它所倚賴的條件。其次，我們必須以某一更好的理論來取代心理傾向的理論；我建議用對進步條件所做的體制性的（和技術學的）分析取代之。

我們如何能夠阻止科學與工業的進步呢？關閉或控制研究實驗室，禁止或控制科學刊物和其他討論工具，禁止科學會議及討論會，禁止大學與各級學校的講授，禁止書籍、新聞報紙、寫作，以及最後連說話等等皆禁。所有上述這些可被禁止（或控制）的事物，都是社會體制。語言即是一個社會體制，如無語言，則科學的進步是無從想像的，因為沒有語言，則不會有科學，也不會有成長而進步的傳統。寫作著述也是一個社會體制，印制與出版組織，所有其他科學方法的體制性工具，都是社會體制。科學方法本身即有其社會層面。科學，尤其是科學的進步，並不是孤立的努力所促成的，而是思想自由競爭的結果。因為科學需要更多假說間的競爭，需要更多嚴謹驗證間的競爭。而競爭中的假說，需要有人代表他們：他們需要宣揚，他們需要陪審團，他們甚至需要公眾。如果我們要使人的代表行得通，則需加以組織並形成體制。而這些體制必須付出法律的代價，並受法律之保護。追根究柢，進步絕大部分要倚賴政治因素，靠那維護思想自由的體制——即民主政治。

有趣的是：通常所謂「科學的客觀性」，就某一程度言，乃是奠基於社會體制上。有一個天真的觀點認為，科學的客觀性基於個別科學家的心智或心理態度，他所受的訓練、謹慎和科學的超然立場，其

反作用是促發了一個懷疑觀點，認為科學家絕不可能是客觀的。根據這個觀點，在自然科學方面，因為科學家的情緒不會受到激動，所以缺乏客觀的情形，也許微不足道；但在社會科學方面，包含有個人的偏見、階級的成見和個人的利害關係。因此缺乏客觀性便有致命的影響。這個由所謂「知識社會學」發展出來的學說（見本書「六、客觀性與價值化」與「廿六、通則是否只限於歷史時期？」），完全忽略了科學知識之社會的或體制的特性，因為它基於一個天真的觀點——認為客觀性靠在個別科學家的心理態度上。它忽略了一件事實，即自然科學的研究主題，固然是枯燥且遙遠，但並不能防止科學家以其個人信念干預其中，從而產生偏心和自私的情形；如果我們必須依賴科學家的超然態度，那麼科學——甚至是自然科學——將是頗為不可能的。「知識社會學」所忽略的正就是知識的社會學——科學的社會特性或公共特性。它忽略了此一事實；即就散播與討論新觀念而言，科學及其體制乃是互為主觀的，這乃是科學客觀性的保障。同時也迫使個別科學家於心智上守其紀律。[54]

　　或許我可以連帶提到本書「六、客觀性與價值化」討論的另一種學說。這個學說辯稱，對社會問題從事科學的研究，其本身必然影響社會生活，因此社會科學家了解到這個影響，他便不可能保持適當的「不偏不倚的客觀性」（disinterested objectivity）這種科學的態度。但這一境況並非只在社會科學才有，一位物理學家或物理工程師也有相同的處境。他不必成為一名社會科學家，即能了解到新飛機或火箭的

54　拙著：《開放社會及其敵人》（*Open Society and Its Enemies*）第廿三章，對所謂「知識社會學」有比較詳細的批評。該書第廿四章，亦曾討論科學的客觀性、它之靠在理性的批評與互為主觀的驗證性等問題，而拙著：《科學發現的邏輯》（*Logic of Scientific Discovery*）亦曾自不同的觀點討論之。

發明，可能對社會具有極大的影響。

我剛才曾說明了一些體制的條件，科學與工業的進步，即有賴於這些條件的實現。現在重要的是我們得瞭解，這些條件絕大多數不能稱之為必需的，所有條件合起來也還不夠充足。

這些條件並不是必需的，因為如無這些條件（語言或當除外），科學的進步並非因此即絕無可能。「進步」一詞，畢竟已從口頭說的話變成了書寫出來的文字，甚至更進一層（雖則適切地講，此種早期發展並不是科學的進步）。

另一方面——而這更為重要，我們必須了解，即使具有世界上最優良的體制組識，科學的進步也可能在某一天停頓下來。例如，世界上出現了神秘主義的大瘟疫。這的確是可能的，因為有些知識分子，對於科學的進步（或對開放社會之嚮往），其反應是退守到神祕主義，而很可能每個人也會這樣做。我們設計出一套社會體制，諸如教育體制，以鼓勵人們意見不同，打消千篇一律的見解，或可藉此來對付這種可能性。同時，進步觀念，以及熱心地宣傳這個觀念，可能也會有點效果。但所有這些措施，並不能使得進步成為確定。因為我們無從排除這種邏輯上的可能性，即有某種細菌或病原體四處散播涅槃（圓寂）的心願。

因此，我們發現，最好的體制也絕無可能是防愚的。正如我在前面說過的，「體制有如碉堡，必須好好設計並配上適當的人員。」但是我們絕不能確定說，適當的人會被科學研究所吸引。我們也不能確定說，科學研究中將會有富於想像力的人，他知道發明新假說的訣竅。最後，這類事體有很多要靠純運氣。因為真理並不是冉冉現身的，認為——孔德與穆勒即曾這樣做過——一旦除去了所有的「障礙」（暗中指的是教會），則凡想去看真理的人，都將會看到真理，這根本是一個錯誤的信念。

　　我相信，這一分析的結果，可予以概括化。在大多數或全部體制性的社會理論中，人的或個人的因素，仍將是非理性的要素。與這相反的學說則認為，社會理論可化縮為心理學，正如我們把化學之化縮為物理學一樣，我相信，這個學說是奠基於一項誤解。它來自一項錯誤的信念，此信念認為，「方法論上的心理主義」（methodological psychologism），乃是方法論上個人主義的必然結果；方法論上的個人主義，是一個相當無懈可擊的學說，它認為，我們如要了解集體的現象，必須把這些現象歸因於個人的行動、互動、目標、希望與思想，以及歸因於由個人所創造和保持的傳統。但是我們不必接受心理主義，也可成為個人主義者。建構理性模型的「零度方法」，並不是一個心理學的方法，而是一個邏輯的方法。

　　其實，心理學不能作為社會科學的基礎。第一，因為它本身只是社會科學的一支，「人性」隨社會體制而有巨大變化，因之研究人性，必須假定已對這些體制有所領悟。第二，因為社會科學關懷的，大體上是人類行為中無意間形成的結果或反應。文中「無意間」（unintended）一詞，意思也許不是「非有意識地意圖的」（not consciously intended）；而是對那可能違反行為者之所有利益的反應之特性予以描述，不管是有意識或無意識的：雖則有人可能會說，我們可從心理學來解釋人之愛好山林與孤獨，但是如果太多人愛好山林，他們不能在山林中享受孤獨，那麼這件事實並不是一件心理學的事實，這種問題，實即是社會理論的根本。

　　以上所言，結果使我們與孔德和穆勒的方法——目前仍很流行——形成了驚人的對照。我們不把社會學的省察，化縮為人性心理學之明顯的堅固基礎上；反而我們很可能說，在社會生活與所有的社會體制中，人的因素是終極不確定而任性的要素。誠然，這個要素，

終究不能藉體制而予以完全地控制（正如斯賓諾沙所先見者）；[55]因為每個想完全控制它的企圖，必然導致暴政，而這又意味著：人的因素——少數或甚至一個人的反覆無常——全能至尊。

但是由科學——反覆無常之對立者——來控制人的因素，豈非也有可能？生物學和心理學能或即將能解決「轉化人的問題」，這是無可懷疑的，然而企圖這樣做的人，勢必摧毀科學的客觀性與科學本身，這些均奠基於思想的自由競爭，亦即自由。如果理智要繼續成長下去，人類理性要繼續存在下去，那麼個人間的歧異，他們的意見、宗旨、目標，必然不得受到干擾（除了一些極端案例外，即危害了政治自由）。甚至追求共同目標的呼籲，在情緒上頗能令人滿意，然而不管共同目標是多麼的好，這一呼籲，不啻是要求大家放棄一切對立的道德意見，由這對立中產生的交相批評和辯難，這是要求人類放棄理性思考的一項呼籲。

要求對人性做「科學的」控制的進化論者，不瞭解這個要求是多麼地富於自殺意味。進化與進步的主要源泉，乃是物質的變異性，這些物質可能變成受天然淘汰所約制。而就人類的進化來說，「與鄰居持異議和不同於鄰居的自由」、「不苟同於大多數人而獨來獨往」，[56]才是人類進化的主要源泉。有機論的控制，必然導致人類心智的比同化（equalization），而非人權的平等，勢必意味著進步的終點。

---

55 見第三章附註四十五。

56 見沃丁頓：《科學的態度》（*The Scientific Attitude*, 1941）頁一一一、一一二。他雖主張進化論與科學的倫理學，但他並不因此而否認這項自由之具有「科學的價值」。海耶克在《到奴役之路》（*The Road to Serfdom*）頁一四三曾批評這段話。

卅三　結論：歷史主義的感情號召
（Conclusion. The Emotional Appeal of Historicism）

　　歷史主義是一個很古老的運動。諸如城邦與種族的生命循環等學說，即是歷史主義最古老的面目，事實上是原始的目的論觀點之先河——此一觀點認為，在命運那顯然盲目的律令背後，隱藏著某些目的。[57]這種預卜隱藏目的說法，雖然早已自科學的思考方式中除去，但它那明白無誤的蹤跡，卻遺留在甚至是最現代的歷史主義理論上。每一版的歷史主義，都表達了這種感覺——覺得我們被不可抗拒的力量掃向未來。

　　然而，現代的歷史主義者，似乎不知道他們的學說是個老古董。他們相信——否則他們之崇拜現代主義何處安身？——他們這一品牌的歷史主義，乃是人類心智的最後和最大膽的成就，這個成就新得嚇人，所以只有極少數人才夠資格理解它。他們相信，變化問題是他們發現的，其實這是最古老的玄思形上學的問題。在對比過他們「動態的」思考與所有前人「靜態的」思考後，他們相信，他們自身的進步之所以可能，乃是由於這件事實，即我們目前正「生活在一個革命中」，這個革命加快了我們發展的速度，致使社會的變化，在人的生命期間，即可直接經驗到。當然，這段故事純粹是神話。在我們的時代以前，即曾發生過重要的革命，而自赫拉克利特[58]的時代以還，人

57　就我所知，對目的論學說所做的最透激的批評，見之於弗斯特（M. B. Foster）：《柏拉圖與黑格爾的政治哲學》（*The Political Philosophies of Plato and Hegel*）最後一章。（這本書採取了宗教觀點尤其是創造說。）

58　譯註：公元前五四〇年至公元前四八〇年，古希臘哲學家。

們曾再三地發現到變化。[59]

　　這樣一個值得尊敬的古老觀念，卻被視為大膽的和革命的而予以呈現，我想，這正是無意間洩露了一個不自覺的保守主義；那些對這要求變化的巨大狂熱加以思索的人，也許都會起疑，其中可能有一對相生相尅的態度，而歷史主義不過是其中一面而已，其間是否還有某一同樣巨大的內在的抵抗，有待克服。如果真是如此，那麼這個古老而蹣跚的哲學，竟遭人以宗教的熱狂，而宣稱為科學最後的及最偉大的啟示，必當獲得解釋。畢竟，恐懼變化的，可能正是歷史主義者。不就是這種恐懼，使得他們全然不能理性地應付批評，並使其他人對他們的教導大加唱和嗎？它真的看起來彷彿是這樣：歷史主義者對一個不變的世界之失落，試圖自我補償，一直守著變化是可以預見的信念，因為它受一個不變的定律所支配。

59　參見拙著：《開放社會及其敵人》（*Open Society and Its Enemies*），尤其第二和第十章。我在書中辯說，原始封閉社會那不變動的社會底失落，使得文明發展受到限制，並使人們隨意接受極權主義和歷史主義的虛假撫慰，至少部分要歸咎於這一失落。

譯者贅言

　　本書作者是廿世紀最傑出的方法學者之一，早年致力研究自然科學的方法與邏輯，發表了好幾本有關這方面的著作。他憑著深厚的自然科學訓練，尤其是物理學，因受到現實政治環境的刺激，於是轉向研究社會科學的方法，自《開放社會及其敵人》一書出版後，聲名大噪，這部書已經成為研究政治理論的當代經典了。[1]《開放社會及其敵人》其實是《濟歷史主義之窮》一書的擴大。《開放社會及其敵人》搜羅了更多的歷史事實與思想家，用了更大的篇幅去說明作者的觀點；但就論證的精簡與邏輯的緊密而言，《濟歷史主義之窮》似乎猶勝一籌，這部書也已經成為研究社會科學方法論的經典了。

　　作者行文有力，而且帶著豐富的感情，讀者也許會覺得奇怪，這不是與作者所提倡的態度相左嗎？是的，這是顯而易見的事實。由此或可看出，即使是受到嚴格科學訓練的人，也仍然很難免除感情的作用，甚至同樣為情緒所支配。不過我們只要想到極權主義的政治哲學，在廿世紀竟如此風靡，從而造成了史無前例的人類大悲劇，那麼我們對作者的憤慨，似可得到更深一層的同情和了解。任何有良知有血性的人，在清醒且嚴肅地面對這項事實時，勢必多少都會染上這份激情。文王一怒天下安，其意義並不只是杜撰的歷史傳奇而已。的確，若要使人類關係的組織獲得美滿的結果，不但要有正確的思想，

1　寇琪編著，徐高阮等譯：《危機時代的哲學》（臺北：幼獅書店，1969年）第十二章討論本書作者，並節譯了《開放社會及其敵人》的少數章節，可參考之。張尚德先生已著手翻譯《開放社會及其敵人》一書。

同時也要有正確的感情。[2]

　　譯者在翻譯的過程中，曾經參考了張佛泉[3]、周德偉[4]、殷海光[5]、夏道平[6]、易君博[7]等先生的論著。原想在譯文中插入諸位先生的高見，但是為了顧及譯文的統一以及其他因素，終於沒有這麼做，對上述幾位先生，謹在此表示謝意。譯者所加的幾條按語，希望有助於讀者的了解，但願不是畫蛇添足之舉。本書大致是民國六十一年一月間譯成的，後來因為心多外騖，加上職業和生活上的大幅變化，也未能悉心修改，以譯者這樣淺薄的學殖，「自信」譯文錯誤必多，敬請明達先進不吝指正，期使譯者更知其不足之處。

　　最後，容許譯者表示一些私情：譯者在學時，曾選修過易君博先生開的方法論課程，得以略知一二，膽敢翻譯這本名著，易先生啟蒙與關懷之功實有以致之。譯者在求知的過程中，朱堅章先生給予了最寬厚而持久的鼓勵和關愛，多少年來佔用了先生許多寶貴的課餘時

2　這是羅素精闢的見解，但他一生的行事似乎不甚符合他所揭櫫的這條義理。

3　參考張佛泉：《自由與人權》（香港：亞洲出版社，1955年）。張先生把historicism譯為「歷史自足主義」，見該書頁二八〇；把historism譯為「歷史主義」，見該書頁二八九註十一。譯者沒有採用張先生的譯名，而採俗譯。

4　參考周德偉著：《周德偉社會政治哲學論著》（臺北：尊德行齋，1968年）。譯者把utilitarianism譯做「功效主義」，即是採自周著；又將equalization譯作「比同」（典出《孟子》），也是仿傚周先生，不敢掠人之美，敬誌於此。

5　本書譯名有不少是採自殷海光先生，如譯norminalism為「名目論」即是。請參考殷先生的主要著作。

6　參考L. V. Mises著，夏道平譯：《經濟科學的最後基礎》（臺北：臺灣銀行經濟研究室編印，1968年）。夏先生在〈海耶克教授經濟思想的結構〉（收入文星書局1965年出版的《海耶克和他的思想》一書）一文註七中，把Scientism譯為「科學迷」，他認為嚴格的中譯應是「科學家的偏見」。本書沒有採用，但夏譯頗為傳神。

7　參考易君博：〈社會科學中的歷史解釋〉，載於《國立政治大學學報》第十六期。

間，有幸承受先生知識與人格的光輝。然而愚鈍如譯者，竟在知識的
追求及人格的樹立上，少有進步，徒然增加內心的愧疚，但在愧疚之
餘，則仍然長存著一股深永的感激。

一九七二年七月記於永和

文化生活叢書・藝文采風・廖中和作品集　1306A05

濟歷史主義之窮

作　　者	Karl Popper
譯　　者	廖中和
責任編輯	張宗斌
校　　稿	張宗斌

發 行 人	林慶彰
總 經 理	梁錦興
總 編 輯	張晏瑞
編 輯 所	萬卷樓圖書股份有限公司
	臺北市羅斯福路二段 41 號 6 樓之 3
	電話　(02)23216565
	傳真　(02)23218698

發　　行	萬卷樓圖書股份有限公司
	臺北市羅斯福路二段 41 號 6 樓之 3
	電話　(02)23216565
	傳真　(02)23218698
	電郵　SERVICE@WANJUAN.COM.TW
香港經銷	香港聯合書刊物流有限公司
	電話　(852)21502100
	傳真　(852)23560735

ISBN 978-986-478-827-9
2023 年 7 月初版
定價：新臺幣 280 元

如何購買本書：

1. 劃撥購書，請透過以下郵政劃撥帳號：
   帳號：15624015
   戶名：萬卷樓圖書股份有限公司
2. 轉帳購書，請透過以下帳戶
   合作金庫銀行　古亭分行
   戶名：萬卷樓圖書股份有限公司
   帳號：0877717092596
3. 網路購書，請透過萬卷樓網站
   網址　WWW.WANJUAN.COM.TW
大量購書，請直接聯繫我們，將有專人為
您服務。客服：(02)23216565　分機 610

如有缺頁、破損或裝訂錯誤，請寄回更換
版權所有・翻印必究
Copyright©2023 by WanJuanLou Books CO., Ltd.
All Rights Reserved　　　　Printed in Taiwan

國家圖書館出版品預行編目資料

濟歷史主義之窮 / Karl Popper 著；廖中和譯.
-- 初版. -- 臺北市：萬卷樓圖書股份有限公
司, 2023.07
　　面；　　公分. -- (文化生活叢書. 藝文采風)
譯自 : The poverty of historicism
ISBN 978-986-478-827-9(平裝)
1.CST: 歷史主義
601　　　　　　　　　　　　　112005018